Kriegsende im Isarwinkel

von Robert J. Huber

Eine Auswertung der militärischen Ereignisse

im Raum Bad Tölz und Gaißach 1945

FSC
www.fsc.org
MIX
Papier aus verantwortungsvollen Quellen
Paper from responsible sources
FSC® C105338

Kriegsende im Isarwinkel

Robert J. Huber

Impressum

Bibliografische Information der Deutschen Nationalbibliothek:
Die Deutsche Nationalbibliothek verzeichnet diese Publikation in der
Deutschen Nationalbibliografie; detaillierte bibliografische Daten sind im
Internet über https://dnb.de abrufbar.

2., überarbeitete und erweiterte Auflage

© 2020 Robert J. Huber

Korrekturarbeiten: Claudia Huber

Herstellung und Verlag: BoD – Books on Demand, Norderstedt

ISBN: 978-3-7519-1966-1

Danksagung

Mein besonderer Dank gilt Frau Veronika Müller, Gaißach,

„Steinhauserin"

die mich auf die Idee zu diesem Buch gebracht hat.

Inhalt

PROLOG

In diesem Beitrag geht es um die letzten Kriegstage Ende April und Anfang Mai 1945 im Oberland, speziell im Raum Bad Tölz, Gaißach und Lenggries. Die Auswertung der bis zum Jahr 2015 als geheim eingestuften Aufzeichnungen des in diesem Gebiet eingesetzten verstärkten US-amerikanischen Infanterieregiments wirft ein neues Licht auf die damaligen Ereignisse. Die bisherige wertvolle Arbeit der Heimatforscher wird ergänzt, es entsteht ein verbessertes Lagebild.

Wichtigste neue Quelle ist dabei das „Kriegstagebuch" (Journal) der US-Truppen. Minutengenau sind darin die wesentlichen militärischen Ereignisse verzeichnet. In den Anlagen finden sich Befehle, Auswertungen und Übersichten über eigene Gefallene und Verwundete. Ebenso ist tageweise die Anzahl der deutschen Kriegsgefangenen vermerkt. Am Ende stehen Erfahrungsberichte der amerikanischen Kommandeure, aus denen sich wertvolle taktische Erkenntnisse gewinnen lassen – was wohl der Grund für die lange Geheimhaltungsfrist war.

Das (unvermeidliche) Kleingedruckte:

Der Text enthält in den Fußnoten zahlreiche aktive Links zu nach Meinung des Verfassers interessanten Webseiten mit weiterführenden Informationen. Das ist zwar in der E-Book – Version praktisch, zwingt aber den Autor, sich ausdrücklich von Werbeinhalten und Tracking auf diesen Seiten zu distanzieren und keine Haftung für die Inhalte und das Funktionieren der Links zu übernehmen!

Für die Leser der gedruckten Ausgabe werden am Ende des Buches, nach Seitenzahlen sortiert, einzelne, passende URL als Text und als QR-Code wiederholt. Mit dem Smartphone ist damit schnell die betreffende Website erreicht.

Die wissenschaftlich geübte Leserschaft wird um Verständnis dafür gebeten, dass zugunsten der Möglichkeit, sich schnell einen ersten Überblick zu verschaffen, des Öfteren Wikipedia-Artikel verlinkt sind.

Einige Abbildungen sind mit vorgefertigten Lizenzverträgen der non-profit Organisation Creative Commons im Internet zu finden. Bei der – erlaubten – Verwendung in einer Publikation muss ein Referenzlink zu den Lizenzdetails zu vorhanden sein. Um unnötige Wiederholungen zu vermeiden, ist dieser Link hier eingefügt:
Creative Commons
Details zur häufigsten Lizenzversion:
CC-BY-SA 3.0

1. Vorgeschichte

Die große Mehrheit der Historiker geht davon aus, dass nach Einschätzung des „obersten Hauptquartiers der alliierten Expeditionsstreitkräfte" (SHAEF Supreme Headquarters, Allied Expeditionary Force) unter dem Kommando von US-General Eisenhower Anfang April 1945 ein baldiges Kriegsende nicht absehbar war. General Bradley, Befehlshaber der 12. US-Heeresgruppe, rechnete bei einem Vortrag vor US-Kongressabgeordneten noch am 24. April 1945 mit einem

Abbildung 1: US-5-Sterne-General Dwight David Eisenhower, Oberbefehlshaber der alliierten Streitkräfte in Europa. Foto: US-National Archives ID: 52-06-86, public domain.

weiteren Kriegsjahr.[1] Bradleys Wort hatte Gewicht, galt er doch seit der erfolgreichen Abwehr der deutschen Ardennenoffensive im Dezember 1944 als einer der Besten. Die Wehrmacht hatte die US-Truppen damals vollkommen überrascht und im winterlichen Gelände sogar ein Stück weit zurückgeworfen.[2] Insgesamt waren über eine Million Soldaten an den Gefechten beteiligt. Der Oberkommandierende der britischen Truppen, Generalfeldmarschall Bernard Montgomery bedankte sich schriftlich bei Eisenhower für den tapferen Einsatz der US-Truppen und lobte Bradley außerordentlich.

---

[1] vgl. DER SPIEGEL 32/1964, Alpenfestung, Phantom in Bayern vom 05.08.1964 https://magazin.spiegel.de/EpubDelivery/spiegel/pdf/46174847 (aufgerufen am 22.05.2019)

[2] vgl. dazu z. B.: https://www.kriegserfahrungen.be/geschichte/zweiter-weltkrieg/hintergrund-ardennenoffensive/. (aufgerufen am 22.05.2019)

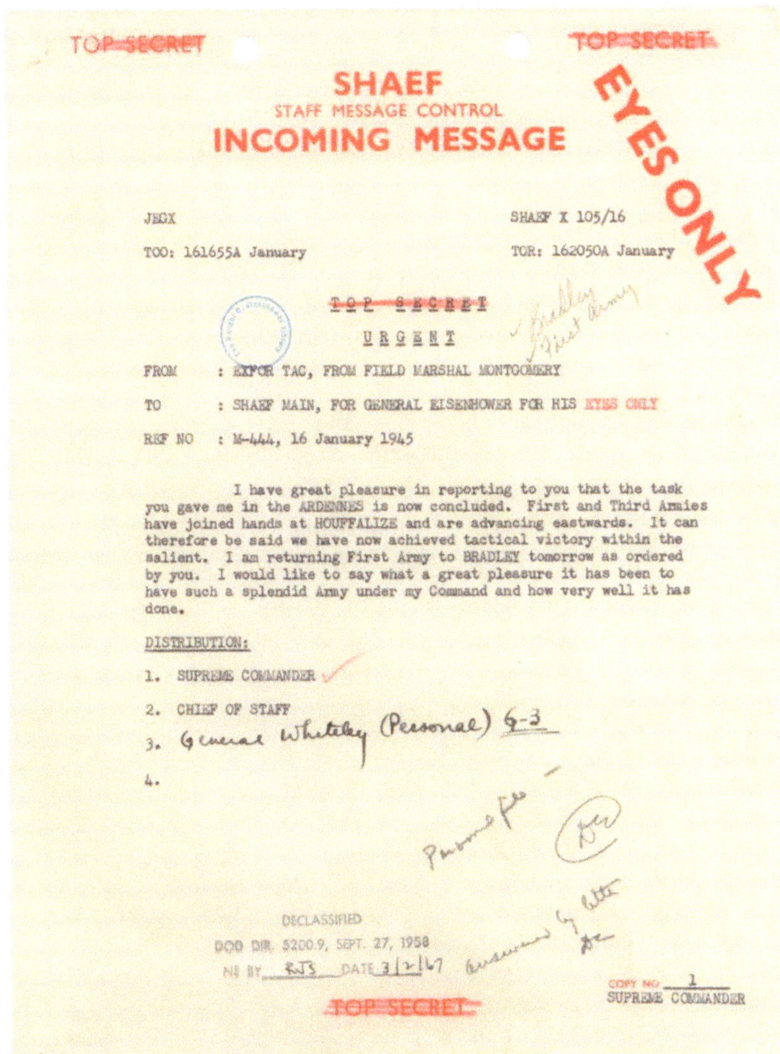

Abbildung 2: Streng geheimes (Top-secret), dringendes (urgent) Fernschreiben an das alliierte Oberkommando (SHAEF), General Eisenhower persönlich (Eyes only): Der britische Feldmarschall Montgomery meldet das Ende der Ardennenschlacht und lobt die US-Truppen. US-National Archives (NARA), ID: 12125642, public domain.

Nur wenige Wochen später, im März 1945 starteten vier SS-Elitedivisionen einen zunächst erfolgreichen Gegenangriff auf die alliierten Kräfte in Ungarn.[3] Gerüchte von „Wunderwaffen" konnten nicht mit Fakten widerlegt werden, im Gegenteil: Die deutsche Waffentechnik und der Flugzeugbau waren der US-Industrie offensichtlich um Jahre voraus. Bei den amerikanischen Soldaten besonders gefürchtet war der deutsche Kampfpanzer „Tiger", der mit seiner Kanone die amerikanischen Panzerungen noch in drei Kilometer Entfernung durchschlagen konnte, selbst aber nur aus kürzester Distanz verwundbar war. [4]

Noch deutlicher wurde der deutsche technologische Vorsprung am Beispiel des strahlgetriebenen Jagdflugzeugs der Augsburger Messerschmidt-Werke. Mit der „Me 262" schufen die Ingenieure den ersten „Düsenjäger" der Welt. Dieses Kampfflugzeug war nicht nur gut 200 km/h schneller als die alliierten Modelle, sondern auch noch besser, nämlich mit vier 30-mm-Kanonen bewaffnet. Da führte oft schon ein einziger Treffer zum Absturz eines Bombers. Zudem hatte die Me 262 auch noch 24 Raketen gegen Luft- und Bodenziele unter den Tragflächen montiert.

Im April 1945 war eine in München-Riem stationierte besondere Fliegereinheit mit diesem Waffentyp ausgestattet.[5] Das Kommando hatte der General der Jagdflieger, Adolf Galland.[6]

---

[3] siehe: (Frieser, 2007), Das Deutsche Reich und der zweite Weltkrieg, Band 8, München 2007, zusammengefasst in wikipedia:
https://de.wikipedia.org/wiki/Plattenseeoffensive
(aufgerufen am 22.05.2019)
[4] Details zum Kampfpanzer Tiger: (aufgerufen am 22.05.2019)
http://www.lexikon-der-wehrmacht.de/Waffen/panzer6.htm
[5] siehe dazu: Deutsches Museum München, https://www.deutsches-museum.de/sammlungen/verkehr/luftfahrt/strahlflugzeuge/messerschmitt-me-262/
 (aufgerufen am 21.05.2019)
[6] Siehe dazu: https://de.wikipedia.org/wiki/Adolf_Galland Dem bei Kriegsende erst 33 Jahre alten Generalleutnant wurden 104 feindliche Abschüsse anerkannt. Er

Abbildung 3: Jagdflugzeug mit Strahlantrieb Typ "Messerschmidt (Me) 262" auf dem Gelände des Flugplatzes Innsbruck-Kranebitten. Ab Bug erkennbar zwei der insgesamt vier Mündungsschlitze der 30-mm-Schnellfeuer-Bordkanonen. Foto. Still Picture aus US-National-Archives (NARA), Film ID 111-adc-4524, public domain.

Die größte Gefahr ging aus US-amerikanischer Sicht aber von den deutschen Fernstreckenraketen aus. Die V2 genannte Rakete (interne Bezeichnung A 4) erreichte bereits über 300 km entfernte Ziele, der Gefechtskopf enthielt eine dreiviertel Tonne Sprengstoff. Gerüchte über eine bevorstehende Erhöhung der Reichweite machten den US-Amerikanern Kopfzerbrechen. Was, wenn damit New York zu erreichen wäre? Tatsächlich arbeiteten über einhundert deutsche Ingenieure mit Hilfe des weltgrößten Windkanals in Kochel an aerodynamischen Verbesserungen – natürlich streng geheim, die Bevölkerung wusste davon nichts.

---

führte den „Jagdverband 44"; siehe: https://de.wikipedia.org/wiki/Jagdverband_44 (aufgerufen am 22.02.2020)

Abbildung 4: A4-Rakete (V 2 genannt), 14 Meter hoch, knapp 13 Tonnen schwer, Reichweite über 300 km, Nutzlast 750 kg (Sprengstoff), Gipfelhöhe der Flugbahn: 80 km. Foto: BArch RH8II Bild-B2055-44, Lizenz CC-BY-SA 3.0.

Das nahegelegene Walchenseekraftwerk versorgte die hochmoderne Anlage mit Elektrizität. Der Tarnname für dieses Kompetenzzentrum: „Wasserbauversuchsanstalt". Inzwischen wissen wir aber, dass noch keine Rakete fertiggestellt war, die Amerika hätte erreichen können.[7]

---

[7] siehe dazu: http://www.v2werk-oberraderach.de/Irrtuemer/5-I.htm (aufgerufen am 23.05.2019)

Entscheidend für den weiteren Operationsplan der US-Army war deshalb die Vermutung, die Nazi-Führung sammelt alle verbliebenen Kräfte in einer „Alpenfestung" und produziert dort weiterhin die „Wunderwaffen". Die Eroberung dieser „Festung" war also einerseits notwendig, um den Krieg endgültig zu gewinnen, andererseits lukrativ; der Zugriff auf die überlegene deutsche Rüstungstechnologie lockte.

So eine „Alpenfestung" gab es schon – allerdings in der Schweiz. Henri Guisan wurde zu Beginn des zweiten Weltkriegs zum einzigen General der Schweizer Armee ernannt; er hatte die Idee dazu. Guisan rüttelte seine Landsleute auf und konnte schließlich Adolf Hitler davon abhalten, die Schweiz zu besetzen. Einerseits stellte er Zulieferungen für die deutsche Rüstungsindustrie sicher, andererseits forderte er als Bezahlung deutsches Militärmaterial um ein Rückzugsgebiet in den Alpen zur Festung ausbauen zu können – das sogenannte „Reduit".[8] Rund 100.000 Soldaten bekamen ab Juli 1940 den Auftrag, das etwa 1/3 des Schweizer Staatsgebietes umfassende gebirgige Areal im Falle eines deutschen Angriffs nachhaltig zu verteidigen.

Das Oberkommando der Wehrmacht war beeindruckt und riet von einer militärischen Besetzung der neutralen Schweiz ab. So verwundert es nicht, dass auf deutscher Seite mit den militärischen Rückschlägen des Jahres 1944 der Gedanke wuchs, selbst so ein „Reduit" in den bayerischen und Tiroler Alpen zu errichten. Ziel war es, Zeit zu gewinnen, bis die sogenannten „Wunderwaffen" die erhoffte Kriegswende brachten.

---

[8] siehe: Schweizer Rundfunk https://www.srf.ch/kultur/gesellschaft-religion/grosse-reden-koennten-wir-widerstand-leisten-guisans-mutrede-an-die-schweiz (aufgerufen am 22.05.2019)

Hitler war davon zunächst nicht begeistert, schließlich stammte die Idee nicht von ihm selbst. Aufgrund seiner ausgeprägten Persönlichkeitsstörung verfolgte er auch im Winter 1944/45 noch abenteuerliche und ehrgeizige Ziele, hörte auf keinen Widerspruch und ließ es an der nötigen Sorgfalt bei der Planung militärischer Unternehmungen fehlen. Der „Führer" verfügte selbst über keinerlei militärische Führungserfahrung. Im ersten Weltkrieg war er als einfacher Meldegänger (eine Art „Postbote" hinter der Front) mit keinem Kommando betraut. Hitlers engster Kreis bestand aus „Ja-Sagern", die seine pathologischen Züge

Abbildung 5: Adolf Hitler bei einer Lagebesprechung am Kartentisch. Rechts von ihm, auf die Karte gestützt, der Oberbefehlshaber des Heeres, Generalfeldmarschall Walther v. Brauchitsch (dessen Sohn als Adjutant des "Reichsmarschalls" Herman Göring dient). Links von Hitler, im Profil, der Chef des Oberkommandos der Wehrmacht, Generalfeldmarschall Wilhelm Keitel, ein besonders ausgeprägter „Ja-Sager". Bild: BArch 101I-771-0366-02A, Lizenz: CC-BY-SA 3.0.

nur noch verstärkten. Wer dem „Führer" widersprach, wurde seines Postens enthoben und in die sogenannte „Führerreserve" versetzt, also praktisch beurlaubt und damit kaltgestellt.

Um sich sein Umfeld gewogen zu halten, bediente sich Adolf Hitler willkürlich aus der Staatskasse, hier ein Beispiel:

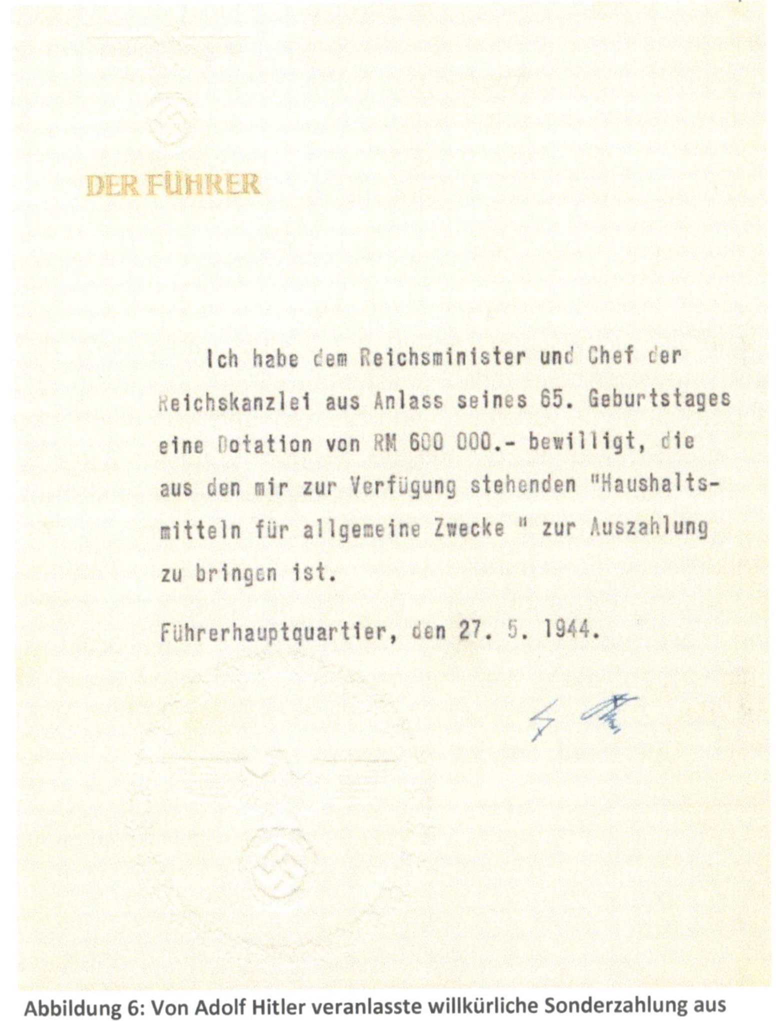

Abbildung 6: Von Adolf Hitler veranlasste willkürliche Sonderzahlung aus dem Staatshaushalt an Dr. Hans Heinrich Lammers, *27.05.1879, ✝04.01.1962, Jurist, SS-Obergruppenführer (General) und Chef der Reichskanzlei, einer wichtigen Schaltstelle der Macht. Foto: US-National-Archives (NARA), ID 6883507, public domain.

Der Stundenlohn eines Arbeiters erreichte damals nur selten eine Reichsmark (RM); bei einer üblichen 48-Stunden-Woche mussten von den so erzielten gut 200 RM brutto im Monat alle Ausgaben bestritten werden, was nur bei sehr sparsamer Haushaltsführung möglich war. Ein Funktionär der Nationalsozialisten erhielt ein Vielfaches davon. Ein „Kreisleiter", als „Parteigenosse" (Pg.) für die Umsetzung der „Führerbefehle" im Landkreis verantwortlich, erhielt beispielsweise das Zehnfache als Gehalt.

Finanziert wurden die enormen Staatsausgaben unter Hitlers Herrschaft aber keineswegs durch Steuern, das wäre in dem wirtschaftlich schwachen Umfeld der 1930er Jahre auch nicht möglich gewesen. Die millionenschweren Investitionen in neue Gebäude, Straßen, Brücken, Autobahnen und vor allem neue Kasernen (Beispiele aus der Region: Lenggries, Junkerschule Bad Tölz) hat man alle durch Kredite finanziert. Die Reichsführung hielt das geheim. Mit Hilfe der Tarnorganisation „mefo" – „Metallurgische Forschungsanstalt"[9] verschleierte sie damit die gigantischen Aufwendungen für die Kriegsvorbereitungen.[10] Schon nach wenigen Jahren waren über 12 Milliarden (!) Reichsmark auf diese Weise ausgegeben. Auch ohne Krieg war damit der Zusammenbruch der deutschen Währung durch staatliche Überschuldung vorprogrammiert.

---

[9] Die auf Anweisung der NS-Regierung im Mai 1933 von Gutehoffnungshütte, Krupp, Siemens und Rheinmetall gegründete „Metallurgische Forschungsanstalt" (mefo) verfügte angeblich über enorme Finanzmittel (in Wirklichkeit war es nur 1 Million RM) und „garantierte" die Rückzahlung der (Wechsel-)Kredite bis 1938 „oder später". Daraufhin druckte die Reichsbank Geldscheine und zahlte die hohen Beträge aus – eine gigantische Staatsverschuldung und eine versteckte Inflation. Siehe: https://de.wikipedia.org/wiki/Mefo-Wechsel (aufgerufen am 22.02.2020)

[10] Hitler hatte für die Durchführung der kriegsvorbereitenden Maßnahmen einen „Vier-Jahres-Plan" (1936 – 1940) geschaffen. Hermann Göring war dafür verantwortlich; seine Devise: „Egal, was es kostet!". Vgl. hierzu: https://de.wikipedia.org/wiki/Vierjahresplan (aufgerufen am 22.02.2020)

*

Bereits im Herbst 1944 gelangte ein Schreiben des Gauleiters von Tirol-Voralberg, Franz Hofer, in die Hände eines amerikanischen Geheimagenten in der benachbarten Schweiz. Darin enthalten waren konkrete Festungspläne für Tirol. Der amerikanische Agent, aller Wahrscheinlichkeit nach gut über das Schweizer Reduit informiert, berichtete seinem Chef, John Foster Dulles, in Bern von der „im Bau" befindlichen deutschen „Alpenfestung". Dulles verfasste einen ausführlichen Bericht für das „Office of Strategic Services" (OSS) in Washington D.C. und wies auf die Folgen hin, wenn deutsche Kampftruppen sich dort verschanzten. In den USA gab es daraufhin zahlreiche spekulative Veröffentlichungen zum Thema „Alpenfestung", die schließlich Propagandaminister Joseph Goebbels zu Ohren kamen. Dieser sprang auf den Zug auf und sorgte dafür, dass ab Februar 1945 – von der Schweizer Grenze gut einsehbar – 1000 Arbeiter mit dem „Festungsbau" begannen. Allerdings konnte Gauleiter Hofer den „Führer" erst im letzten Moment von seinen Plänen überzeugen.

Im April 1945 erschien General Eisenhower die Gefahr einer real existierenden Alpenfestung als Rückzugsraum für Wehrmacht und SS so groß, dass der Oberbefehlshaber der alliierten Streitkräfte in Nordwesteuropa seine Angriffspläne (und wohl damit die Weltgeschichte) änderte. Ursprünglich war der Vorstoß nach Berlin geplant. Dieses Angriffsziel überließ er jetzt den überraschten Sowjets, obwohl der englische Premierminister Winston Churchill heftig protestierte. Sowjet-Marschall Georgi Konstantinowitsch Schukow eroberte daraufhin mit 2,5 Millionen Soldaten die Reichshauptstadt.

Eisenhower schwenkte nach Süden und setzte im April 1945 der 7. US-Armee unter dem Kommando von General Alexander Patch und der 3. US-Armee unter General George Patton Bayern und Tirol als neues Angriffsziel:

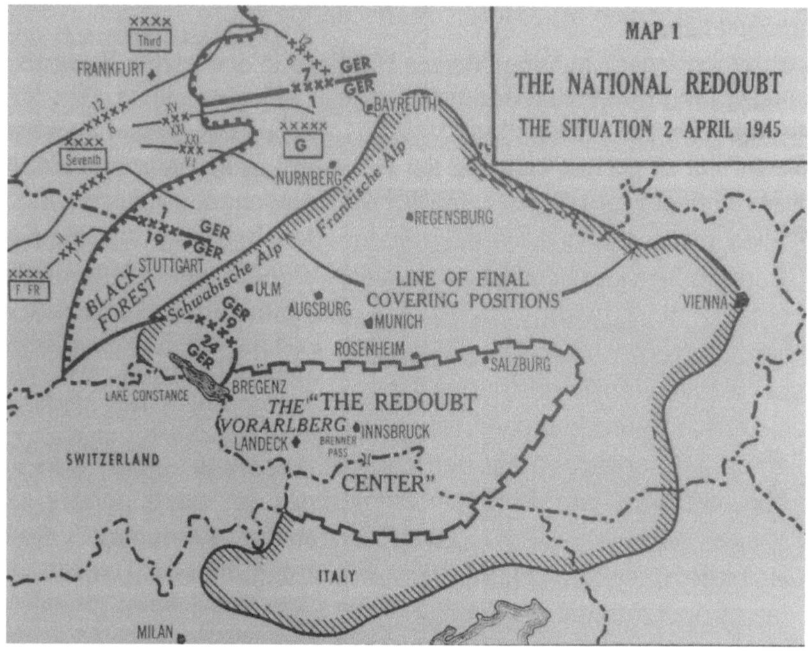

Abbildung 7: Lagekarte des mutmaßlichen „REDOUBT" („Alpenfestung"). Die nördliche Grenze bildet die Linie Salzburg – Rosenheim – Bad Tölz – Murnau – Bregenz. Über der Stadt FRANKFURT ist das taktische Zeichen der 3. US-Armee zu erkennen, links darunter die 7. US-Armee (Rechteck mit vier XXXX) US-National Archives (NARA), ID 6783451, public domain.

Auf der Karte (Abb. 7) ist ganz links neben dem Schwarzwald („BLACK FOREST") eine französische Armee zu erkennen. Die US-Amerikaner hatten französische Kolonialtruppen aus Marokko, Algerien und dem Senegal mit Waffen und sogar Panzern ausgestattet. Unter dem Kommando von General Jean Joseph-Marie Gabriel de Lattre de Tassigny eroberte diese französische „B-Armee", verstärkt mit Offizieren aus der französischen Widerstandbewegung Südwestdeutschland, später das Allgäu und drängte an den US-Amerikanern vorbei in Richtung Osten.[11] Das US-Hauptquartier musste mehrfach eingreifen und General de Lattre zurückhalten. Ziel der Franzosen war es wohl, als Erste Hitlers „Berghof" am Obersalzberg in Berchtesgaden zu erobern – ein enormer Prestige-Erfolg.

Den französischen Kriegstagebüchern ist zu entnehmen, dass auch eine aus Marokko stammende berittene Einheit der zweiten Infanteriedivision (2e Division d'Infanterie Marocaine - 2e DIM) später auf dem Weg nach Berchtesgaden in Gaißach bei Bad Tölz pausierte. Zum Glück nur kurz, denn es gibt viele Berichte von Vergewaltigungen und Gräueltaten. Die „Goumier" genannten Soldaten waren auch Zivilisten gegenüber äußerst brutal.[12]

Abbildung 8: Aus dem US-Magazin "Yank" stammendes Foto eines "Goumier"-Soldaten der französischen B-Armee. Auf dem Rücken ein US-Gewehr vom Typ M 1 Garand, in der rechten Hand ein Bajonett. Foto: Public domain.

---

[11] Vgl. dazu (aufgerufen am 22.02.2020)
https://de.wikipedia.org/wiki/Jean_de_Lattre_de_Tassigny#Zweiter_Weltkrieg und
[12] Vgl. zum Wirken der „Goumier"-Soldaten: (aufgerufen am 07.03.2020)
https://en.wikipedia.org/wiki/Moroccan_Goumier#Morocco,_1908%E2%80%9334

Bei Ausbruch des Zweiten Weltkriegs befürchtete der in die USA emigrierte Albert Einstein, dass Hitler eine gefährliche neue Waffe, die Atombombe entwickeln lassen könnte. Einstein empfahl dem US-Präsidenten, diese Bombe selbst herzustellen, um den Nazis zuvor zu kommen.[13] Anfang 1945 waren die über 150.000 am Projekt beteiligten Experten kurz vor dem Ziel. Major General Leslie R. Groves, der militärische Leiter des Atombombenprojekts, erhielt vom amerikanischen Präsidenten Roosevelt den Auftrag, sich auf einen Atombombenabwurf in Deutschland vorzubereiten.[14] Zuerst dachte man an Berlin als Abwurfort. Mit der veränderten Lagebeurteilung veränderte sich die Zielsuche in Richtung Süden. Die tatsächliche Liste möglicher Abwurforte ist nach wie vor geheim, einzelne Quellen

Abbildung 9: Major General Leslie R. Groves (links) und Professor Robert Oppenheimer, die Leiter des geheimen US-amerikanischen Atombombenprojekts. Foto: US Army, public domain.

sprechen von Nürnberg oder Ludwigshafen als möglichem Ziel.[15] Eine überaus gefährliche Situation für die deutsche Bevölkerung am Alpenrand, die lange Zeit nicht historisch aufgearbeitet wurde. Das mögliche Rückzugsgebiet der Alpenfestung

---

[13] Vgl. hierzu (aufgerufen am 07.12.2019):
https://www.menscheinstein.de/mythos/fragen/sequenz_jsp/key=2216.html
[14] Das „Manhattan Projekt", so der Tarnname, wird hier beschrieben:
https://de.wikipedia.org/wiki/Manhattan-Projekt(aufgerufen am 21.11.2019)
[15] Vgl. dazu: https://www.rheinpfalz.de/lokal/ludwigshafen/artikel/ludwigshafen-drohte-die-atombombe/ (aufgerufen am 11.06.2019)

(„National Redoubt") wäre wohl das nächste Ziel gewesen. Nur durch das letztlich überraschend schnelle Vordringen der US-Army in Verbindung mit Verzögerungen bei der Fertigstellung der amerikanischen Atombombe entging Süddeutschland einer nuklearen Katastrophe. Die Bombe war erst im Juli 1945 einsatzfähig, da hatte Deutschland schon kapituliert. Also traf es den letzten verbliebenen Kriegsgegner, Japan.[16]

*

Vor diesem Hintergrund darf man froh sein, dass in Wirklichkeit gar keine Alpenfestung existierte, nicht einmal der Ansatz dazu. In Südtirol gab es lediglich einige betonierte österreichische Geschützstellungen aus dem I. Weltkrieg. Allerdings hatte die SS unter strengster Geheimhaltung bereits ein Jahr zuvor begonnen, Produktionsstätten für die wichtigsten Rüstungsgüter in den Alpen zu errichten. Unter dem Tarnnamen „B8 Bergkristall" entstand bis März 1945 bei Linz eine riesige, kilometerlange unterirdische Produktionsanlage für Me 262 „Düsenjäger" mit einer Monatskapazität von 1.000 Stück (!). Über 8.600 Häftlinge aus den Konzentrationslagern Mauthausen und Ebensee schufteten sich dabei in 12-Stunden-Schichten zu Tode.[17] Erst im September 2019 wurde bekannt, dass die Anlage vermutlich noch deutlich größer war; wesentliche Teile wurden bei Kriegsende gesprengt und die Unterlagen vernichtet. Die US-Quellen dazu sind lückenhaft. Möglich wäre eine noch tiefer

---

[16] Viele Unterlagen zu diesem Thema sind bis heute unter Verschluss. Lediglich die Tatsache, dass das amerikanische Atombombenprojekt schon vor dem Kriegseintritt Japans beschlossen wurde, ist momentan belegbar. Zu den „Vermutungen" siehe z. B.: http://www.weltderwunder.de/artikel/projekt-manhattan-wie-knapp-entging-deutschland-einem-atombombenabwurf (aufgerufen am 22.05.2019)

[17] Siehe dazu: https://de.wikipedia.org/wiki/B8_Bergkristall (aufgerufen am 23.02.2020)

liegende weitere Ebene.[18] Die hier erstmals veröffentlichten Nachforschungen des Autors lassen eine geplante Lagerstätte für Giftgas vermuten. Im Sondermunitionslager Schierling bei Regensburg fanden die US-Soldaten bei Kriegsende zigtausende Tonnen chemischer Kampfstoffe. Der verantwortliche Offizier gab im US-Verhör zu Protokoll, auf höheren Befehl Ende April 1945 zwei Schiffsladungen mit dem gefährlichsten Gas, dem Nervenkampfstoff Tabun, über die Donau Richtung Süden in Marsch gesetzt zu haben. Die Begleitpapiere sind zwar verschollen aber als höchstwahrscheinliches Ziel kommt das Lager „B8 Bergkristall" bei Linz donauabwärts in Frage. Ein Fragment der US-Dokumente berichtet davon, dass zwei mit Nervengasbomben beladene Motorgüterschiffe wieder entladen und die gefährliche Fracht zurück nach Schierling verbracht wurde. Die Bestandsliste der US-Army verzeichnet schließlich 7.700 Tonnen (!) Tabun im Lager:[19]

```
Munitions on hand at Schierling when the Americans arrived included
the following:

      Mustard bombs, 250 KC size                   2360 tons
      Phosgene bombs, 250 KC size                   1500 tons
      Tabun bombs, 250 KC size                      7700 tons
      Tear Gas bombs, 250 KC and 500 KC size       1250 tons
```

Abbildung 10: Auszug aus dem schriftlichen Bericht des leitenden Offiziers der "US-chemical troops", Col. H.M. Woodward (Juli 1945). In Schierling vorgefunden wurden: Mit Senfgas gefüllte Bomben: 2.360 Tonnen, mit Phospor befüllt: 1.500 Tonnen, mit Tabun (in kleinsten Mengen tödlicher, die Muskeln lähmender Nervenkampfstoff) gefüllt: 7.700 Tonnen, mit Tränengas gefüllt: 1.250 Tonnen.

---

[18] Siehe dazu: https://ooe.orf.at/stories/3011984/ (aufgerufen am 23.02.2020)

[19] Das berichtet US-Colonel (Oberst) H. M. Woodward JR. im Juli 1945 in seinem Bericht. Fragmente sind enthalten in der Chronik der „Muna" von Hauptfeldwebel Christian Marbach (1987), Download unter: https://www.schierling.de/htmls/infos/abisz/muna.php (aufgerufen am 23.02.2020)

Die im Lager „B8 Bergkristall" hergestellten Me 262 wären so in der Lage gewesen, je eine 250-kg-Giftgasbombe ins Ziel zu werfen; mit einem kilometergroßen tödlichen Radius am Boden. Ebenso könnte man den Nervenkampfstoff in Verbindung mit einer V2-Rakete direkt in alliierte Städte schießen – mit noch größeren Opferzahlen. Offensichtlich ging auch die SS von einer zu schaffenden Alpenfestung aus. Tatsächlich unterschrieb Hitler am 28. April 1945 (!) einen Befehl dazu und legte die Grenzen fast genau so fest, wie die Alliierten vermuteten:[20]

Hunderte von Militärfahrzeugen, teilweise beladen mit hochgeheimen Unterlagen, machten sich in diesen Tagen auf den Weg in die „Festung", der vermeintlich sicherste Weg führte über Bad Tölz und den Achenpass. Die Amerikaner nannten diese Route „Rattenlinie Süd".

Erkundungs= und Ausbaubefehl für die *Kernfestung Alpen:*
1. Auf Befehl des Führers Ausbau, Ausstattung mit Munition und Ver= pflegung, so daß Verteidigung als Bollwerk und zur Aufnahme der Verbände des OB West, des OB Südwest und des OB Südost sowie der Heeresgruppe Süd möglich.
2. Linienführung Füssen — Allgäuer Alpen — Valluga — Arlberg — Mauders — Stilfser Joch — Ortler — Adamello — nördlich Gardasee — Feltre — Caporetto — Karawanken — Unterdrauburg — „Gunther"=Stel= lung, von dort über Leoben — Dürrenstein — Windhofen — Steyr — Brückenkopf Salzburg — Tegernsee — Murnau.
Vorgesehen werden sollte zum Schutz von Industriewerken in Steyr und Linz eine Vor=Stellung in der Linie Dürrenstein — Amstetten — Donau bis westlich Linz — Hausruck. Als starke Stützpunkte sollten ausgebaut werden die Räume Berchtesgaden, Salzburg, Innsbruck, Bo= zen, Villach, Spittal.

Abbildung 11: Auszug aus dem Kriegstagebuch des Oberkommandos der Wehrmacht: Befehl zur Alpenfestung vom 28.04.1045. Mit Blick auf das Projekt „B8 Bergkristall" macht auch die Erweiterung auf den Raum LINZ Sinn. Reproduktion aus: Greiner, 1961, (siehe Fußnote 19)

---

[20] Kriegstagebuch des OKW, Band IV, S. 1447. (Greiner, 1961)
http://www.znaci.net/zb/7_4_2.pdf (aufgerufen am 30.10.2019)

Hauptursache für den dann doch sehr schnellen und für die US-Militärführung überraschenden Zusammenbruch der deutschen Verteidigung war wohl ein Mangel an Treibstoff. Mit der von den Alliierten ab Mitte 1944 forcierten Neubewertung der strategischen Ziele weg von der Bombardierung der Städte, hin zur Bekämpfung der Infrastruktur und der Raffinerien trafen sie offenbar ins Schwarze. Ein Beispiel:

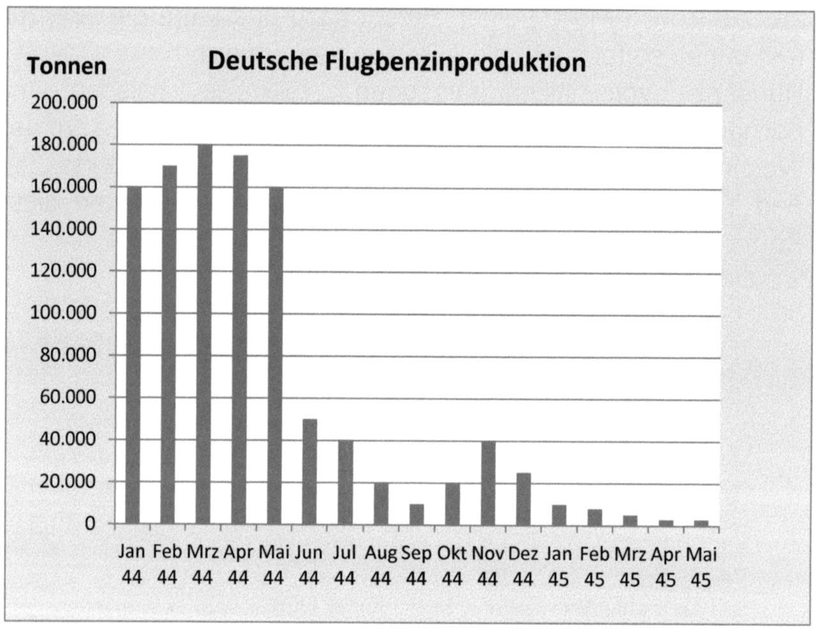

Grafik: Eigene Darstellung, Datenquelle: Eigene Recherche

Der Einbruch ist deutlich zu erkennen. Zum einen waren Produktionsstätten nun in alliierten Händen, zum anderen durch Bomben zerstört. Da half es auch nicht mehr, die Produktion der „Wunderwaffe" Düsenjäger Me 262 zu erhöhen. Noch für Mai 1945 wurde mit über 1.000 fertig zu stellenden Maschinen geplant. Bei Landsberg schufteten unter unmenschlichen Bedingungen abertausende Häftlinge des Konzentrationslagers

Dachau, um eine weitere, halb unterirdische, „bombensichere" Fabrik herzustellen.[21] Die Behandlung der Gefangenen war furchtbar, auch hier fanden Tausende den Tod.

Me 262	Apr 44	Jun 44	Aug 44	Okt 44	Dez 44	Feb 45	Apr 45
Produktion (Anzahl)	16	28	20	117	102	296	47

Grafik: Anzahl der produzierten Flugzeuge vom Typ Messerschmidt 262. Eigene Darstellung; Datenquelle: Eigene Recherche

Beim Auswerten der deutschen Kriegstagebücher drängt sich der Eindruck auf, dass vor allem die SS keineswegs mit einem raschen Kriegsende rechnete. Es gab ja noch zwei bedeutende Erdölquellen im Reichsgebiet, die Felder „Gaiselberg" und „RAG" in Zistersdorf bei Wien mit einer Produktion von weit über 1000 Tonnen pro Tag. Mit der Bahn ins gut 300 km entfernte Konzentrationslager Ebensee bei Bad Ischl transportiert, entstanden daraus ab Frühjahr 1945 in einer unterirdischen Raffinerie täglich hunderte Tonnen Kraftstoff für die weitere Kriegsführung.[22] Praktischerweise produzierte die SS im gleichen Lager, in einem verzweigten Stollensystem, mit KZ-Insassen unter grausamen Bedingungen noch im April Motoren für Panzer und Flugzeuge. Ursprünglich sollten dort auch weiterentwickelte Raketen entstehen, die Amerika hätten erreichen können.[23]

---

[21] Das Projekt hatte den Tarnnamen „Weingut II". Zu den Details siehe z. B.: http://www.freundeskreis-luftwaffe.de/index.php/nachrichten/100-besichtigung-weingut (aufgerufen am 07.12.2019) Die Unterbringung der KZ-Insassen erfolgte in Erdhütten in mehreren „Außenlagern" bei KAUFERING.

[22] Siehe dazu allgemein: https://de.wikipedia.org/wiki/KZ_Ebensee und im Detail: http://www.geheimprojekte.at/deckname_dachs_II_ebensee.html (beide aufgerufen am 26.03.2020)

[23] Vgl. https://de.wikipedia.org/wiki/Aggregat_9 (aufgerufen am 26.03.2020)

Abbildung 12: Der über 300 km weite Weg von den Ölfeldern in Zistersdorf bei Wien zur Rohölverarbeitung im Konzentrationslager Ebensee bei Gmunden. Foto: Eigene Bearbeitung, CC-BY-SA 3.0

Es ist deshalb nicht von der Hand zu weisen, dass zumindest die SS-Führung schon daran dachte, sich in den Alpen einen Rückzugsraum für weitere Kampfhandlungen zu schaffen. Aus heutiger Sicht realitätsfern, allerdings darf man von den Fanatikern auch keine realistische Lageeinschätzung erwarten.

Das könnte auch den heftigen Widerstand der Waffen-SS-Einheiten in diesen Tagen erklären. So z. B. den der 17. Waffen-SS-Panzergrenadierdivision[24], die vom 04. bis 12. April 1945 in der Schlacht von Heilbronn den Vormarsch der weit überlegenen US-Truppen kurzzeitig stoppte. Nachdem auch diese Eliteeinheit

---

[24] Die „Grenadiere" waren ursprünglich Granaten werfende (frz.: „grenades") Elitesoldaten. Sie sind im Gegensatz zur reinen Fußsoldaten („Infanterie") mit genügend Transportfahrzeugen (zum Teil gepanzert) ausgestattet.

die Stadt nicht halten konnte, sah die SS-Führung wohl nur noch einen Ausweg – die Stärkung der „Alpenfestung", um Zeit bis zur

Abbildung 13: In der Mitte Heinrich Himmler, Reichsführer der SS, rechts daneben sein persönlicher Adjutant Joachim Peiper, verantwortlich für mehrere Massaker, dahinter SS-Oberführer Anton Dunckern. Bild: BArch, Bild 101III-Weil-060-13

erträumten Kriegswende zu gewinnen. Der völlig skrupellose Reichsführer der SS, Heinrich Himmler, befahl per Funkspruch am 14. April 1945, das KZ Dachau zu räumen und alle arbeitsfähigen Häftlinge in die „Alpenfestung" zu verlegen.[25] So begannen für mehr als 25.000 Menschen die „Todesmärsche".[26] Es ist nicht von der Hand zu weisen, dass auch Himmler selbst in der „Festung" untertauchen wollte und durchaus beabsichtigte, in den Alpen den Krieg mit SS-Kräften weiterzuführen.

---

[25] siehe: (Diestel & Benz, 1994) oder:
https://web.archive.org/web/20070311021032/http://www.km.bayern.de/blz/web/300017/chronik.asp (aufgerufen am 07.12.2019)
[26] vgl. hierzu: http://www.kz-gedenkstaette-dachau.de/Berichte_Todesm%C3%A4rsche.html (aufgerufen am 24.02.2020)

Himmler hatte seinen Wohnsitz in Gmund am Tegernsee, die Familie bewohnte eine repräsentative Villa. Seine Tochter Gudrun (*08.08.1929, ✝24.05.2018) ging in Reichersbeuern zur Schule. Ende April evakuierte die SS Himmlers Ehefrau Margarete und Tochter Gudrun nach Bozen.

Zeitgleich nahm Himmler Kontakt mit dem Vizepräsidenten des Internationalen Roten Kreuzes, Graf Folke Bernadotte, auf. Er wollte dem amerikanischen Oberbefehlshaber Eisenhower eine Teilkapitulation anbieten.

Hitler erfuhr davon, tobte und enthob den „Reichsführer der SS" formell seiner Ämter, was aber praktisch wirkungslos blieb.

Abbildung 14: Heinrich Himmler mit Frau Margarete und Tochter Gudrun. Bild: BArch, Bild 146-1969-056-55. Lizenz: CC-BY-SA 3.0

Offiziell ernannte er in seinem politischen Testament den Gauleiter Giesler aus München am 29.04.1945 zum neuen Innenminister.[27]

Jedenfalls versuchte der als Feldwebel Heinrich Hitzinger verkleidete Himmler, die Alpen zu erreichen, nachdem er bei

---

[27] Hitler schrieb: „Ich stosse [sic!] vor meinem Tode den früheren Reichsführer SS und Reichsminister des Innern Heinrich Himmler aus der Partei und allen Staatsämtern aus." Siehe: (Bruppbacher, 2018)
https://books.google.de/books?id=cHrcjFaS4PwC&pg=PA656&lpg=PA656&dq=Giesle r+gauleiter+innenminister&source=bl&ots=BBPl8eEO_6&sig=ACfU3U1VPuuXSOuZw 6mon6QjDjEfc_gOjg&hl=de&sa=X&ved=2ahUKEwj4n6aMnujnAhUSUBUIHeouBboQ6 AEwB3oECAgQAQ#v=onepage&q=Giesler%20gauleiter%20innenminister&f=false
(aufgerufen am 23.02.2020)

Hitlers Nachfolger, Großadmiral Dönitz, in Flensburg abgeblitzt war. Neuere Forschungen berichten sogar Details:
„Er trug einen grauen Mantel von Offiziersschnitt, eine Zivilhose, Soldatenstiefel, einen schwarzen Hut und hatte auf dem linken Auge eine schwarze Binde. In den Händen hielt er einen Stock, der ihm als Krücke diente. So versuchte er in Begleitung seiner ebenfalls verkleideten Adjutanten Macher und Grothmann von Flensburg aus nach Süden vorzudringen. Dort war er beim neuen Reichspräsidenten, Großadmiral Dönitz, wohl nicht erwünscht."[28] Zwei aufmerksamen sowjetischen Soldaten auf Patrouille verdanken wir seine Gefangennahme. Sie hielten ihn in Niedersachsen, bei Bremervörde, an und kontrollierten die Papiere. Der vermeintliche Feldwebel und seine zwei Begleiter wurden von ihnen zur Befragung zum Stützpunkt gebracht. Himmler leistete keinen Widerstand, er verließ sich wohl auf seine Tarnung. Für ihn unglücklich erwies sich der Umstand, dass damals englische und sowjetische Soldaten gemeinsam auf Patrouille gingen. Um ja nichts falsch zu machen, kam er vorsichtshalber in Haft. Zwei Tage vergingen, schließlich riss Himmler wohl der Geduldsfaden. Er gab seine wahre Identität preis und verlangte, einen Offizier sprechen zu können. Ein am Stützpunkt anwesender britischer Major erkannte ihn anhand einer Suchkarte, verhaftete den „Reichsführer" und lies ihn nach Lüneburg zur Befragung bringen. Dort musste er sich seiner Feldwebel-Uniform entledigen und biss während einer medizinischen Untersuchung auf eine gläserne Zyankalikapsel, die er immer bei sich trug. Der damit beauftragte britische Sanitätsoffizier, Captain Wells, verfasste diesen Bericht:[29]

---

28 Siehe dazu: Neuere Forschungen der Katholische Universität Eichstätt, ZIMOS https://www.ku.de/forschungseinr/zimos/publikationen/forum/dokumente/die-letzten-tage-von-heinrich-himmler/ (aufgerufen am 29.05.2019)
29 Beleg Nr. 16, historische Übersetzung aus dem Englischen [in alter Rechtschreibung]:

Erklärung von Hauptmann WELLS.

Gegen 23.00 Uhr des 23. Mai 1945 untersuchte ich im Stab der Gegenaufklärung der 2. Armee in LÜNEBURG auf Befehl von Oberst MURPHY einen Mann, der, wie mich Oberst MURPHY informierte, HEINRICH HIMMLER war.

Der Weisung von Oberst MURPHY gemäß mußte diese Untersuchung stattfinden, damit wir uns überzeugen konnten, daß an HIMMLERS Körper nichts versteckt war.

Nach einer genauen Besichtigung des Leibes und der Gliedmaßen begann ich mit der Untersuchung des Mundes und der Zähne. Als ich eine Wange zur Seite zog, bemerkte ich sofort einen kleinen Gegenstand mit einem blauen Kopf, der zwischen seiner Wange und dem Unterkiefer lag. Ich versuchte auf der Stelle, diesen Gegenstand mit den Fingern aus seinem Mund zu entfernen, konnte ihn jedoch nicht daran hindern, ihn zwischen die Zähne zu nehmen und zu zerdrücken.

Ein starker Geruch von Zyankali verbreitete sich. Himmler wurde mit dem Gesicht nach unten auf den Boden gelegt, man drückte seine Kiefer auseinander und spülte ihm den Mund mit Wasser. Aber weder das noch künstliche Atmung hatte eine Wirkung.

S.I. WELLS, Hauptmann des med. Dienstes

Leiter des Sanitätsdienstes der 2. Armee.

---

https://www.ku.de/forschungseinr/zimos/publikationen/forum/dokumente/die-letzten-tage-von-heinrich-himmler/ (aufgerufen am 02.04.2020)

Wohin wollte er? Direkt nach Gmund am Tegernsee, seinen Wohnort, wohl eher nicht. Das wäre als Ziel zu auffällig gewesen. Aber die noch intakte Rüstungsproduktion der SS, Waffenlager, das Gold der Reichsbank und nicht zuletzt tausende Häftlinge der Konzentrationslager – das alles befand sich im Alpenraum. Nach Informationen der US-Truppen gab es für den „Reichsführer" in Hinteriss, im Karwendel Gebiet, ein vorbereitetes Versteck.

Himmler galt in nationalsozialistischen Führungskreisen nicht als besonders intelligent; sein Studium der Landwirtschaft (mit Schwerpunkt Hühnerzucht) prädestinierte ihn nicht für eine Spitzenposition, dahin geriet er mehr durch Zufall als durch eigene Leistung. Vom zweiten Mann im NS-Staat, Herman Göring, ist eine Bemerkung überliefert: „H-H-H-H". Auf die Frage, was das bedeute, soll er geantwortet haben: „Himmlers Hirn heißt Heydrich". Gemeint war damit der hochintelligente Chef des „Reichssicherheitshauptamtes" und Koordinator des Juden-Vernichtungsprogramms, Reinhard Heydrich[30], mit Himmler befreundet. Dieser sorgte dafür, dass die SS als „Staat im Staate" immer mehr an Bedeutung gewann. Junge, gewissenlos handelnde aber zugleich fähige SS-Führer gelangten an die Schaltstellen der Macht. Die Konzentrationslager wandelten sich zu Wirtschaftsbetrieben, es gab eine eigene Waffenproduktion und -forschung. Die bedeutendste befasste sich unter der Leitung von SS-Obergruppenführer Dr. Ing (!) Hans Kammler mit Vergeltungswaffen: Raketentechnik und Atombomben.[31]

---

[30] Der technische begabte frühere Marineoffizier Reinhard Heydrich stieß aufgrund privater Empfehlungen zu dem vier Jahre älteren Heinrich Himmler. Heydrich formte als ranghoher SS-Führer eine schlagkräftige neue Polizei- und Sicherheitsbehörde, das „Reichssicherheitshauptamt". Er starb in Folge des einzigen gelungenen Attentats gegen einen hohen NS-Führer am 4. Juni 1942 in Prag. Siehe dazu: https://de.wikipedia.org/wiki/Reinhard_Heydrich (aufgerufen am 05.04.2020)

[31] Bei Kriegsende geriet der über die geheimen Rüstungsanstrengungen der SS bestens informierte „Obergruppenführer" vermutlich in US-Gefangenschaft Vgl. dazu: https://de.wikipedia.org/wiki/Hans_Kammler (aufgerufen am 05.04.2020)

2. Anmarsch der US-Soldaten

Das amerikanische Oberkommando befahl am 25. April 1945 der
7. US-Armee unter dem Kommando von General Alexander Patch
den sofortigen Angriff auf die vermeintliche „Alpenfestung". Das
bayerische Oberland und den Isarwinkel sollte General Frank W.
Milburn mit seinem 21. US-Korps erobern. Die meisten seiner
über 50.000 Soldaten standen zu diesem Zeitpunkt in
Ludwigshafen, 400 km entfernt, und überquerten gerade auf
einer Ponton-Brücke der Rhein.
Die US-Führung muss sich bei ihrem Vormarsch mit der
französischen Armee absprechen. Aus politischen Gründen ist
eine französische Panzerdivision unter dem Kommando von
General Leclerc, die 2e Division blindée, vorne mit dabei. Die

Abbildung 15:, Eine Kompanie des zur 36. US-Division gehörenden 141. Infanterie-
Regiments überquert auf einer Ponton-Brücke den Rhein bei Ludwigshafen. Foto:
Texas Military Museum, Austin, Texas, USA, Lizenz CC-BY-SA 3.0.

Franzosen sind zwar der 7. US-Armee unterstellt; für die Amerikaner sind die offensichtlich wild entschlossenen, jedoch wenig professionell vorgehenden Soldaten aus Frankreich mehr Klotz am Bein als echte Unterstützung. [32]

Die 36. US-Infanteriedivision aus Texas, unter dem Kommando des sehr erfahrenen (und fließend Deutsch sprechenden) Generalmajors John Ernst Dahlquist, ist ganz vorne mit dabei. So beginnen 14.250 US-Soldaten der Division auf 1.440 Fahrzeugen, einen Gewaltmarsch in Richtung Bad Tölz; vorneweg das 141. US-Infanterie-Regiment unter dem Kommando von Colonel (Oberst) Charles H. Owens.

Abbildung 16: Ein vollbesetzter "Sherman"-Panzer einer US-Infanteriedivision unterwegs in Dinkelsbühl. Bild: Still Picture aus US-National-Archives (NARA), Film ID: 111-ADC-9771, public domain.

---

[32] Vgl. dazu diesen Artikel: https://www.augsburger-allgemeine.de/landsberg/Sie-wueteten-wenige-Tage-lang-id33991777.html (aufgerufen am 20.02.2020)

Im Gegensatz zu einem Panzergrenadier-Regiment verfügt ein Infanterie-Regiment über weniger Transportmöglichkeiten. Die Fahrzeuge sind also meist voll besetzt, ein Schutz vor der nasskalten Witterung ist kaum gegeben.

Entscheidend für den weiteren Verlauf der Gefechte ist die „Verstärkung". Das 141. Infanterieregiment erhält zusätzliche Feuerkraft durch das 753. Panzerbataillon mit 77 modernen Sherman-Panzern.

Abbildung 17: Ein M4-Sherman-Kampfpanzer mit fünf Mann Besatzung. Neben der 75-mm-Kanone links im Bild der Funker, rechts der Fahrer. Der Funker bedient auch das in der „Wanne" des Panzers vorne montierte zusätzliche „leichte" Maschinengewehr Kaliber 7,62 mm („cal 0.30"). Auf dem Turmdach, links der Kommandant, rechts, am Maschinengewehr Kaliber 12,7-mm („cal 0.50"), der Ladeschütze, dahinter der ansonsten tief im Turm sitzende Richtschütze: Munitionsvorrat: Kanone 90 Schuss. Bild: Still Picture aus US-National-Archives (NARA,) Film ID: 111-ADC-9771, public domain.

An Feuerkraft ist er den deutschen Modellen zwar unterlegen, allerdings deutlich zahlreicher, was das mehr als ausgleicht.[33]

*

Unterstützt werden die amerikanischen Soldaten zudem von einer Staffel Jagdbomber (12 bis 16 Maschinen) vom Typ „Mustang" P 51-D. Die Piloten klären die Feindlage auf, d. h. zwei bis vier Maschinen fliegen der Truppe voraus und erkunden feindliche Stellungen, marschierende Militärkolonnen und vor allem Sperren und Hindernisse.

Abbildung 18: Mustang P 51-D mit jetzt drei Maschinengewehren Kaliber 0.50 (12,7 mm) in jeder Tragfläche (Pfeil vom Verfasser eingefügt) und einem darunter montierten 280-Liter-Zusatztank. Foto: USAAF, Lizenz CC-BY-SA 3.0,

---

[33] Vgl. hierzu: (aufgerufen am 24.02.2020)
https://de.statista.com/statistik/daten/studie/252291/umfrage/produzierte-panzer-und-selbstfahrlafetten-im-zweiten-weltkrieg-nach-laendern/

Dabei machen sie bei sich bietenden Gelegenheiten im Tiefflug Jagd auf „lohnende Ziele", was das ist, bestimmt der Pilot. In Frage kommen Lokomotiven, Lastkraftwagen aber auch Pferde, denn die Wehrmacht und die SS setzten im 2. Weltkrieg über 2,7 Millionen Pferde ein, um Kriegsmaterial zu bewegen; nur sehr wenige Einheiten waren vollmotorisiert.[34]

Im mobilen Hauptquartier der Division hält ein Verbindungsoffizier den Funkkontakt zum Führer der Jagdstaffel. So erhält der Divisionskommandeur nicht nur zügig die aktuellen Aufklärungsergebnisse, er kann auch schnell eine sogenannte „low-level-attack"[35] auf ein bestimmtes Ziel befehlen.

Damals war die Air-Force der USA noch keine eigene Teilstreitkraft, sondern der Army unterstellt. Deshalb auch die Bezeichnung USAAF (US-Army-Air-Force). Erst nach dem Krieg entstand die Air-Force als selbstständige Organisationseinheit und konnte sich dadurch besser organisieren. Die Verbindung durch einen „Air-LO" **L**iaison **O**fficer, behielt man aber bei. Die unmittelbare Nähe zum Kommando führenden Heeresgeneral hat sich im Krieg bewährt.

Abbildung 19: Ein US-Pilot im Jagdflugzeug, mit Kälteschutzausrüstung. Die Sonnen-/Splitterschutzbrille ist hochgeschoben. Die Sauerstoffmaske enthält auch ein Mikrofon, die Haube einen Lautsprecher. Foto: USAAF, Lizenz CC-BY-SA 3.0.

---

[34] Vgl. dazu: https://www.welt.de/geschichte/zweiter-weltkrieg/article159718383/Sie-waren-die-wichtigsten-Helfer-der-Wehrmacht.html (aufgerufen am 22.05.2019)

[35] Bei einer „low-level-attack" werfen die Piloten ihre Sprengbomben nacheinander auf das Ziel, fliegen eine Schleife und eröffnen danach im Tiefflug mit den sechs schweren Maschinengewehren aus den Tragflächen das Feuer.

*

Den US-Soldaten gelingt bei Dillingen ein problemloser Übergang über die Donau – die dortige Brücke ist zwar zur Sprengung vorbereitet, aber noch intakt. So geht es schnell weiter.

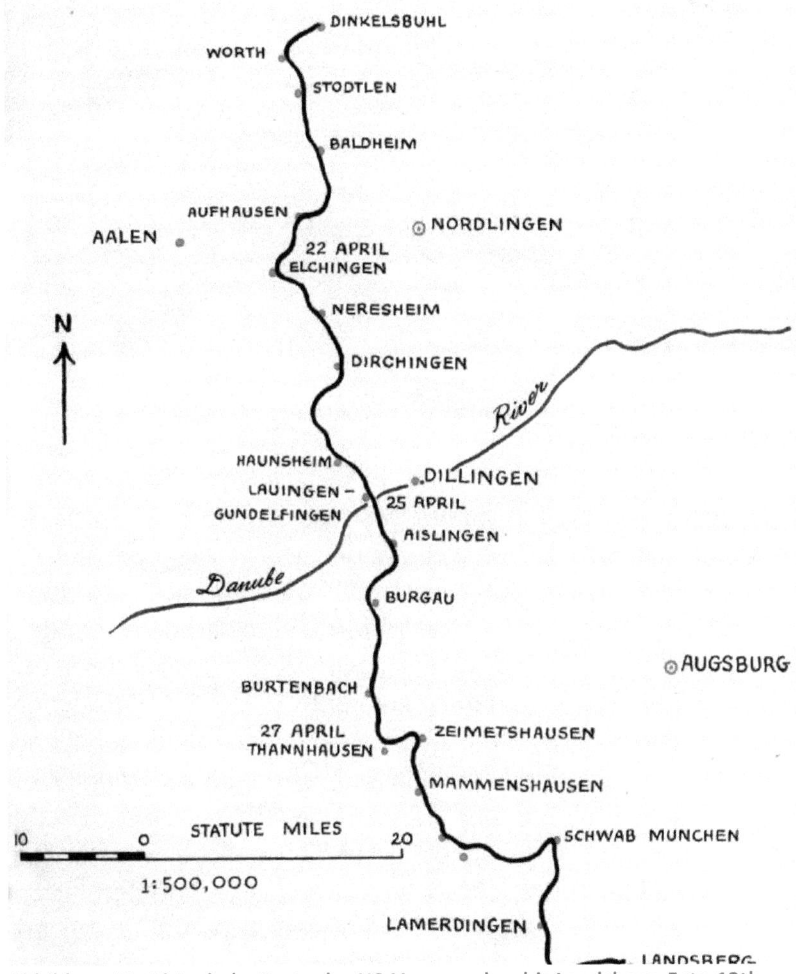

Abbildung 20: Historische Karte des US-Vormarsches bis Landsberg. Foto 12th Armored Division Museum, Abilene, Texas, USA, public domain.

Abbildung 21: Donaubrücke bei Dillingen. Rechts im Bild ein M5-US-Panzer mit 37-mm-Kanone und einem oben angebrachten "schweren" Maschinengewehr cal 0.50 (12,7 mm). Foto: 12th Armored Division Museum, Abilene, Texas, USA, public domain.

Zwei Tage später stoßen sie auf das erste größere Hindernis. In der Nacht vom 27. auf den 28. April 1945 erreicht die Vorhut Landsberg am Lech. Am Westufer ergeben sich hunderte ungarische Soldaten den überraschten US-Soldaten. Es handelt sich um Teile einer Division, die nach der Eroberung Ungarns durch Stalins Sowjetsoldaten auf der Seite der Deutschen weiterkämpfen wollte. Jetzt leisten sie keinen Widerstand und ergeben sich in aller Form. Kurz darauf treffen die US-Amerikaner völlig unvorbereitet auf das KZ-Außenlager Kaufering IV und befreien zahlreiche Häftlinge, die unter fürchterlichen Umständen dort als Zwangsarbeiter eingesetzt waren. Viele sind dem Tode näher als dem Leben. Der Anblick schockiert nicht nur, er steigert auch die Wut auf alles, was eine schwarze SS-Uniform trägt.

Die Brücken über den Lech sind von Wehrmachtssoldaten gesprengt worden, die Eisenbahnbrücke allerdings nur unvollständig. Die US-Pioniersoldaten werden beauftragt, die stark beschädigte Eisenbahnbrücke zu reparieren und bei Kaufering eine

Abbildung 22: Ponton-Brücke über den Lech bei Kaufering. Foto: 12th Armored Division Museum, Abilene, Texas, USA, public domain.

Ponton-Brücke über den Lech zu legen. Die Pioniere vollbringen eine Meisterleistung; nach wenigen Stunden fahren drei Divisionen, die 12., die 36. und die 2. französische Panzerdivision über den Lech.

Abbildung 23: Während die Pioniere des 119. gepanzerten US-Pionierbataillons eine Ponton-Brücke über den Lech bei Kaufering legen, stauen sich die Fahrzeuge der 36. US-Division auf dem westlichen Ufer des Lechs. Bei totaler Luftüberlegenheit der US-Truppen ist das kein Problem. Foto: 12th Armored Division Museum, Abilene, Texas, USA, public domain.

Schnell ist Landsberg erobert, der vereinzelte Widerstand gebrochen. Die französischen Kräfte warten noch ab und folgen den angreifenden Amerikanern erst später.

Von da an geht es nur noch langsam voran, denn jederzeit ist mit einer Gegenwehr versprengter Wehrmachts- bzw. SS-Einheiten zu rechnen. Das vorne eingesetzte 141. Infanterie-Regiment schickt mit Panzern verstärkte Spähtrupps los, um den besten Weg zum nächsten Ziel, nach Weilheim, zu finden. Sie wählen die Strecke über Utting und am Ammersee entlang. Bereits kurz hinter Landsberg nehmen sie eine große Gruppe Wehrmachtssoldaten unter der Führung von Generalmajor Dr. Kurt Paape gefangen; die Deutschen ergeben sich widerstandlos. Der Generalmajor berichtet, er habe als Kommandeur einer „Nebelwerferbrigade"[36] mit rund 600 Mann Landsberg verteidigt – allerdings nur infanteristisch („zu Fuß"), ohne die Werfer, die sie schon lange vorher aus Kraftstoffmangel zurücklassen mussten. Den Kontakt zu seinem Vorgesetzten, Generalleutnant Walter Hahm, Kommandeur der XIII. Armee, habe er verloren.

Parallel dazu gehen spezielle Aufklärungssoldaten des 116. Cavalry-Bataillons über Wessobrunn auf Weilheim vor. Die „Kavallerie" ist längst nicht mehr beritten, sondern hat sich auf die gefährliche Aufgabe der Feindaufklärung spezialisiert. Jede kleine Ortschaft auf dem Weg wird genau erkundet, das dauert. Immer wieder stehen die Soldaten dabei vor meist unbewachten „road-blocks", Sperren aus schnell gefällten Baumstämmen. Die

---

[36] „Nebelwerfer" sind eigentlich Granatwerfer. Die Bezeichnung „Nebel" sollte wohl verschleiern, dass diese Waffen zum Verschießen von Gasgranaten entwickelt wurden. Vgl. dazu: https://de.wikipedia.org/wiki/Nebelwerfer (aufgerufen am 08.03.2020)

Kolonne bleibt stehen; es muss ein Räumpanzer („dozer") nach vorne. Nach wenigen Minuten ist die Straße frei. Die Sperren mussten in den Tagen zuvor die Männer des „Volkssturms"[37] anlegen. In den meisten Fällen sind sie aber nicht durch Sprengmittel gesichert und auch nicht bewacht. Somit ergibt sich kaum eine Zeitverzögerung für die US-Soldaten.

Vorne mit dabei ist ein „FO" (forward observer – ein Artillerieoffizier als Beobachter). Dieser hat Funkverbindung mit den Geschützen. Binnen Minuten kann er Geschützfeuer anfordern und lenken. Der Befehl des US-Generals lautet: Eigenes Leben schonen, bei Feindwiderstand Artillerie einsetzen.

Abbildung 24: Ein M4-Sherman-Panzer mit Räumschild ("dozer") schiebt eine Baumsperre auf dem Weg von Wessobrunn nach Weilheim beiseite. Foto: Still Picture aus US-National-Archives (NARA), Film ID: 111-ADC-4196, public domain.

Abbildung 25: Artilleriefeuer im Ziel. Vorne links ein "FO", ein Artillerieoffizier, der das Feuer der bis zu 15 km weiter hinten in Feuerstellung stehenden Geschütze lenkt. Foto: 12th Armored Division, Abilene, Texas, USA, public domain.

---

[37] Im Oktober 1944 wurden alle nicht wehrfähigen deutschen Männer von 16 bis 60 Jahren „zu den Waffen" gerufen. Vgl. dazu: https://de.wikipedia.org/wiki/Volkssturm (aufgerufen am 08.03.2020)

Abbildung 27: Die Ammerbrücke bei Weilheim am 29.04.1945 gegen 10:00 Uhr. Ein Spähtrupp des 116. US-Cavalry-Regiments watet aus westlicher Richtung kommend durch die Niedrigwasser führende Ammer und erkundet das gegenüber liegende Ufer. Foto: 12th Armored Infantry Museum, Abilene, Texas, USA, public domain.

Vom Kirchturm der Stadtpfarrkirche Mariä Himmelfahrt weht weithin sichtbar eine weiße Fahne. Kein Schuss fällt. Die US-Soldaten entdecken auch keine versteckten Sprengladungen an der Brücke. Daraufhin fährt einer der begleitenden Panzer voran in Richtung Stadtmitte, die Artillerie ist feuerbereit. Es wäre nicht zum ersten Mal, dass fanatische SS-Soldaten

Abbildung 26: Der US-amerikanische Spähtrupp auf dem Weg zum Weilheimer Marienplatz („Adolf-Hitler-Platz"). Links ein M5-Kampfpanzer, rechts Zivilisten. Foto: Still picture aus US National Archives (NARA), Film ID: 111-ADC 4196, public domain.

einen Häuserkampf vorbereitet hätten. Das vorsichtige Vorgehen der erfahrenen US-Amerikaner ist gut begründet. Stattdessen erleben sie eine Zivilbevölkerung, die ihre Sonntagsruhe pflegt. Mehrere Weilheimer Bürger folgen dem Panzer, nehmen gerne Zigaretten an und schauen am „Adolf-Hitler-Platz" (Marienplatz) zu, wie der Bürgermeister und zwei Polizeioffiziere die Stadt friedlich übergeben.

Abbildung 28: Übergabe der Stadt Weilheim an die Vorhut des 116. US-Cavalry Regiments am 29.04.45 gegen 11:30 Uhr. Zu erkennen ist der Stadtbrunnen auf dem Marienplatz. Im Anmarsch ein Polizei-Major, der im Auftrag des Bürgermeisters Josef Sprenger die Stadt an die US-Truppen übergibt. Still picture aus US-National-Archives (NARA), Film ID: 111-ADC-4196, public domain.

Es sind mutige Weilheimer Bürger, die buchstäblich in letzter Minute ein Feuergefecht und damit einen US-Artilleriebeschuss auf die Kreisstadt verhindern konnten.[38]

---

[38] Anm.: Dazu ist mit dem Titel „Kriegsende in Weilheim" ein eigenes Werk des Verfassers im BoD-Verlag erschienen.

3. Anmarsch der Waffen-SS

Hier sollen zuerst die Hintergründe der kampflosen Übergabe Weilheims beleuchtet werden, da der an dieser Stelle geplante und erfolgreich verhinderte Kampfeinsatz der SS-Soldaten eng mit dem späteren Kriegsende im Isarwinkel zusammenhängt. Nachdem Mitte April 1945 den US-Truppen der überraschend schnelle Durchbruch nach Bayern gelungen war, entschied sich der Oberbefehlshaber West, Generalfeldmarschall Kesselring, zunächst an der Ammer nach Norden und Westen zu verteidigen. Entsprechende Befehle gingen an den Kommandeur der 13. Armee, Generalleutnant Walther Hahm. Dem kam zugute, dass er zehn Jahre zuvor, im September 1935 als Stadtkommandant von Ulm, an der gleichen Stelle bereits genau so eine Verteidigungsoperation geübt hatte. Hahm plante nun, entlang der Ammer, mit Schwerpunkt in Weilheim, mit der im Raum Dachau stehenden Volksgrenadierdivision Nr. 212 die US-Truppen aufzuhalten, um sie dann mit der aus dem Raum Freising anmarschierenden 17. Waffen-SS Panzergrenadierdivision in der Flanke anzugreifen. So erschien am Abend des 26. April 1945 Generalmajor Jobst Freiherr v. Buddenbrock, der Kommandeur der 212. Volksgrenadierdivision, mit einem Vorauskommando in

Abbildung 29: Ausschnitt aus dem Weilheimer Tagblatt vom 20.09.1935, S. 8: Der Bildbericht zur Rahmenübung Verteidigung zwischen Lech und „Würmsee" (heute: Starnberger See). Der Name ist falsch geschrieben, „Hahn", statt korrekt „Hahm".

Weilheim, eröffnete dem überraschten Bürgermeister Josef Sprenger, dass seine Stadt nun an einer „Hauptkampflinie" liegen würde und erkundete Stellungen für seine Soldaten. Man kann sich die Bestürzung der Stadtoberen wohl vorstellen.

Es kam anders. In der Nacht zum 28. April 1945 besetzte der Wehrmachtsoffizier Hauptmann Gerngross, Kompaniechef der Dolmetscherkompanie des Münchner Wehrkreises VII, den Radiosender in Ismaning und rief in den frühen Morgenstunden im Namen einer „Freiheitsaktion Bayern (FAB)" das Einstellen der Kampfhandlungen aus. Ziel war es, Bayern südlich der Donau vor weiteren Zerstörungen zu bewahren.[39] Besonders die Worte: „Beseitigt die Funktionäre der Nationalsozialistischen Partei. Die FAB hat heute Nacht die Regierungsgewalt erstritten!" führte im Oberland zu zahlreichen Aktivitäten der örtlichen Widerstandsbewegungen. In Penzberg verhinderte der ehemalige SPD-Bürgermeister Hans Rummer die Sprengung des Bergwerks und setzte den Nazi-Bürgermeister ab. Tragischerweise dauerte es nur Stunden, bis die Nationalsozialisten und die SS wieder die Oberhand hatten.

Abbildung 30: SS-Oberführer Hans Zöberlein, Alt-Nationalsozialist, („Blutorden" am linken Bildrand sichtbar), wegen Mordes zum Tode verurteilt und später begnadigt. SZ-Photo h-0011-7518.

---

[39] Veronika Diem hat dazu eine Dissertation verfasst. Eine Zusammenfassung findet sich hier: https://www.bg.geschichte.uni-muenchen.de/forschung/publikationen/muenchner_historische_studien/neuerscheinung_diem/index.html (aufgerufen am 25.02.2020)

Hans Rummer und sieben seiner Mitstreiter wurden gegen 18 Uhr erschossen, weitere acht Menschen hat der SS-We(h)rwolf-Führer Hans Zöberlein hinrichten lassen. Eben dieser Zöberlein quartierte sich in Begleitung von gut 30 SS-Männern für die Nacht zum 29.04. in Weilheim (Hotel Vollmann) ein. Er sollte auch hier den Widerstand brechen, denn vormittags hatte Ludwig Schedel, der Verwalter der Oberschule, versucht, den Bürgermeister Josef Sprenger abzusetzen, was in der Parteiführung nicht unbemerkt blieb. Eine brandgefährliche Situation für den örtlichen Widerstand, der sich schon aus der Deckung gewagt hatte und dabei war, die Verteidigung an der Ammerbrücke zu verhindern.

Jedenfalls führten die Aufrufe der FAB auch in München zu erheblicher Verwirrung. Insgesamt beteiligten sich gut 400 Soldaten an dem Aufstand. Gauleiter Paul Giesler versteckte sich mit seinen engsten Getreuen im 260 m² großen Bunker des Zentralministeriums an der Ludwigstraße (heute Bayerisches Staatsministerium für Ernährung, Landwirtschaft und Forsten), zog seine mit Gold besetzte braune Uniform aus (es war ja zur „Fasanenjagd" aufgerufen, eben solche Uniformträger waren im Volksmund „Goldfasane") und telefonierte nach Berlin ins Führerhauptquartier um Hilfe. Die Generale in Berlin hatten allerdings andere Sorgen,

Abbildung 31: Gauleiter Paul Giesler in Parteiuniform. Ausschnitt aus Bild DE-1992-FS-NS-00051, © Stadtarchiv München.

Marschall Schukows Truppen standen nur noch wenige Kilometer von der Reichskanzlei entfernt.

Die Münchner Bevölkerung begann weiße Fahnen zu hissen; der Gauleiter tobte. Es floss reichlich Alkohol. In den Mittagsstunden wendete sich das Blatt, die SS-Soldaten aus der nahen Kaserne (heute: Ernst-von-Begmann-Kaserne der Bundeswehr) eroberten den Rundfunksender Ismaning zurück. Hauptmann Gerngross floh ins Erdinger Moos. Der Gauleiter erschien nachmittags wieder in Parteiuniform und schrie nach Rache. In der Stadt befand sich zu diesem Zeitpunkt der „Kommandeur des fliegenden Sondergerichts West", Generalleutnant Dr. med. dent. Rudolf Hübner. Giesler als „Reichsverteidigungskommissar" sorgte dafür, dass Hübner zum Stadtkommandanten ernannt wurde. Der kam dem Wunsch nach Rache gerne nach, viele Aktivisten bezahlten mit dem Leben. Innerhalb einer Stunde waren Formblätter für 150 Todesurteile ausgefertigt, glücklicherweise kamen nicht alle Urteile zur Vollstreckung.[40]

Der Aufstand der Freiheitsaktion Bayern hat auch die Operationen des Oberbefehlshabers West erheblich behindert. Generalfeldmarschall Kesselring musste den Führerbefehl zur Alpenfestung (siehe Seite 24) umsetzen. Da aber ein Kommando der Freiheitsaktion Bayern die kriegswichtige Fernmeldezentrale in Kempfenhausen bei Starnberg zerstörte, konnte er die im Großraum München operierende Heeresgruppe G nur per Funk erreichen. Durch vermehrte Rückfragen der Kommandeure ging zusätzlich wertvolle Zeit verloren. Außerdem zeigte der Aufstand auch Wirkung in der Alpenfestung. In der Annahme, der Krieg sei vorüber, stellten mehrere Einheitsführer Entlass-Scheine für ihre Soldaten aus.[41]

---

[40] Details aus: (Stinglwanger, 1991), S. 179 ff.
[41] So z. B. in Murnau; vgl. dazu (Lohmann, 2017), S. 312 f.

Kesselring selbst befand sich auf dem Marsch von seinem beweglichen Gefechtsstand in Motzenhofen (bei Aichach) nach Pullach, denn auf dem Gelände der Bormann-Siedlung (heute: Bundesnachrichtendienst) hatte er einen verbunkerten Gefechtsstand.

Schließlich sollte die am weitesten im Süden stehende 13. Armee jetzt die Alpenzugänge verteidigen. Dazu bekam General Hahm, der Kommandeur, den Befehl, die US-Truppen so lange wie möglich aufzuhalten, damit sich die 17. Waffen-SS-Division, der kampfstärkste Verband, auf die Verteidigung des Isarwinkels und des Tegernseer Tals vorbereiten konnte.

Der 50jährige General Walther Hahm verfügte neben aufgesammelten Resten anderer Verbände aber nur noch über zwei Divisionen: Die stärkere von beiden ist die 17. Waffen-SS-Panzergrenadierdivision „Götz-von-Berlichingen". Als neuer Kommandeur fungierte der junge, 1913 in Sachsen geborene, SS-Offizier Georg Bochmann. Kurz zuvor, am 20.04.45, zum „SS-Oberführer" befördert (entspricht etwa einem Oberst mit Gehaltszulage), verspricht er, bis zur letzten Patrone zu kämpfen. Bochmann kam früh als Freiwilliger zur SS und „bewährte" sich zuerst als einfacher Wachmann im KZ Dachau. Wegen zahlreicher „Heldentaten" ist er nach Einsätzen an der Ostfront hoch dekoriert.

Abbildung 32:, Georg Bochmann, Ritterkreuzträger, auf dem Bild noch Obersturmbannführer, Foto: Bundesarchiv, 101III-Adendorf, 093-20

Die schwächere ist die inzwischen kurz vor Weilheim stehende 212. Volksgrenadierdivision. Sie besteht praktisch nur noch auf dem Papier. Die etwa 2.000 Soldaten sind hauptsächlich aus dem im Herbst 1944 eingeführten „Volkssturm". Die meist älteren Männer hatten nicht oder schon 25 Jahre zuvor im I. Weltkrieg gedient. Dazu kommen Jugendliche oder Körperbehinderte, die von ungeschulten Führern befehligt werden. Die wenigen „echten" Soldaten stammen als Genesende aus den Lazaretten oder sind Wachpersonal der umliegenden Kasernen.[42]

Abbildung 33: Älterer Volkssturmmann mit 5-schüssigem Gewehr "Mauser 98" aus dem I. Weltkrieg („98" steht für das Jahr der Einführung: 1898). Foto: BArch 146-1979-107-09, Falkowski, Lizenz CC-BY-SA 3.0.

Generalleutnant Hahm entschließt sich daher, die 17. Waffen-SS-Panzergrenadierdivision schnellstmöglich auf kürzestem Wege in den Isarwinkel zu beordern und Generalmajor v. Buddenbrock den Befehl zu geben, in Weilheim beginnend mit allen Kräften den Vormarsch der Amerikaner zu verzögern, um der 17. Zeit zum Anmarsch und zur Vorbereitung der Verteidigung des Isarwinkels bzw. des Tegernseer Tals zu geben.

---

[42] Siehe dazu: https://de.wikipedia.org/wiki/Volkssturm (aufgerufen am 05.04.2020)

Am 29. April hat Oberführer Bochmann noch knapp 11.000 Soldaten unter seinem Kommando, verteilt auf zwei Regimenter und sogenannte Divisionstruppen. Die Männer befinden sich nach heftigen Abwehrkämpfen in der Oberpfalz nun mit Masse noch im Verfügungsraum Dürnbucher Forst bei Neustadt/Donau. Nachdem das eine Panzergrenadierregiment, das mit der Nummer 38, einige Tage zuvor bei der Schlacht um Nürnberg fast völlig aufgerieben wurde, bildet Bochmann ein neues „38er". Die Einheiten sind auch deshalb bunt gewürfelt. Sie bestehen aus vielen Funkern und nicht mehr benötigten Bordschützen der Luftwaffe, Nachschubsoldaten, älteren Volkssturmmännern und zahlreichen jungen, noch nicht ausgebildeten Rekruten der Geburtsjahrgänge 1926, 1927 und 1928.

Nach dem Attentat auf Hitler am 20.07.1944 verfügte Himmler, dass die Waffen-SS zuerst „Zugriff" auf neue Rekruten hat. Die meisten jungen Männer hatten deshalb gar keine Wahl, sie wurden zwangsweise zur Waffen-SS eingezogen:[43].

Das Durcheinander schwächt die Kampfkraft, man kennt sich eben noch nicht gut genug, um zu wissen, auf wen Verlass ist. Zudem kommen die Marschkolonnen der überwiegend nicht ortskundigen Soldaten im Durcheinander der letzten Kriegstage nur langsam voran. Ein Vorauskommando steht bereits in Germering, ein zweites in Starnberg. Die Straßen sind überfüllt durch andere, flüchtende Einheiten der Heeresgruppe G. Die Division ist überwiegend mit Radfahrzeugen unterwegs, denn am 25.03.45, beim Rückzug über den Rhein in Höhe von Germersheim, hat die Division praktisch alle schweren Waffen

---

[43] Siehe dazu ausführlich: (Wegner, 1982)

verloren. Ein 20 Tonnen schwerer Jagdpanzer, der letzte der Division, muss geschleppt werden. Leichte Waffen sind ausreichend vorhanden aber die Munition wird langsam knapp. Nur die Flugabwehrabteilung ist noch gut bestückt. Sie verfügt über mehrere 8,8 cm-Flak-Geschütze[44] und dazu von Lastkraftwagen gezogene 20 mm-Kanonen.[45] Gegen fliegende Ziele kommt auf 5.000 Schuss nur ein Treffer. Gegen leichte Panzer sind sie aber sehr wirksam.

Abbildung 34: Jagdpanzer "Hetzer". Die 7,5-cm-Kanone ist kaum zur Seite schwenkbar; die vier Mann Besatzung müssen also mit dem ganzen Fahrzeug zielen. Das Foto entstand in Polen, Chwat.jpg, public domain

Abbildung 35: 20-mm-Kanone im Einsatz gegen "Erdziele". Bild BArch 101I-219-0597-15d, Niemitz, 1943, Lizenz: CC-BY-SA 3.0.

---

[44] Info dazu: https://de.wikipedia.org/wiki/8,8-cm-FlaK_41 (aufgerufen am 29.05.2019)

[45] siehe dazu: https://de.wikipedia.org/wiki/2-cm-Flak_38 (aufgerufen am 29.05.2019)

Das Isartal soll das kampferfahrene aber seit Wochen immer an vorderster Front eingesetzte Waffen-SS-Panzergrenadier-Regiment 37 mit drei Bataillonen verteidigen. Rechts daneben wird das neu aufgestellte Waffen-SS-Panzergrenadier-Regiment 38 das Tegernseer Tal sichern. Obersturmbannführer Jakob Fick, 33 Jahre alt, der erfahrenste Kommandeur, übernimmt das

Abbildung 36: Die zwei „15-cm-schweren-Feldhaubitzen Typ 18" der 17. Waffen-SS-Division stellten die US-Soldaten im Tegernseer Tal sicher. Eine Granate wiegt über 40 kg, die Reichweite beträgt bis zu 12 Kilometer. Eine geübte Besatzung (6 Mann) kann pro Minute bis zu 4 Schuss abfeuern. Foto: Still Picture aus National Archives (NARA) Film Id: 111-ADC-3226, public domain.

Regiment 38 und bekommt die letzten beiden „schweren" Geschütze (siehe Abb. 36). Grund dafür könnte sein, dass sich hohe NS-Funktionäre, so z. B. Reichsminister Frank oder auch Max Amann, SS-General und Hitlers Finanzberater, in diesem Bereich aufhalten.

Nach einer kurzen Befehlsausgabe geht es frühmorgens am 29. April 1945 in Richtung Bad Tölz. Der Großraum München ist von vielen Fahrzeugen verstopft, es ist schwierig voranzukommen. Ministerialbeamte aus Berlin, Nazi-Funktionäre – alle wollen schnellstmöglich nach Süden.

In den Abendstunden des gleichen Tages erreichen die ersten Fahrzeuge der Division das Zielgebiet und errichten einen Gefechtsstand im weitläufigen Areal der SS-Junker-Schule. Bad Tölz wird mit Roten Kreuzen an den Zufahrtsstraßen versehen und zur „Lazarettstadt" erklärt. Das würde bedeuten, dass die mit vielen Verwundeten belegte Stadt nicht militärisch verteidigt wird. Ob Oberführer Bochmann die Absicht hatte, dem wirklich Folge zu leisten, lässt sich nicht mehr klären, jedenfalls hält er sich nicht daran. Es könnte auch eine Kriegslist gewesen sein, um den amerikanischen Vormarsch zu bremsen.

*

Objektiv betrachtet ist die Gefechtsausbildung der SS ungenügend. Denn im Gegensatz zur Wehrmacht konzentriert sich die SS-Ausbildung fast ausschließlich auf die Hauptkampfart Angriff. Verteidigung wird nur am Rande behandelt, die taktischen Inhalte stammen aus dem 1. Weltkrieg (und haben sich schon damals nicht bewährt). Verzögerung wird überhaupt nicht vermittelt, obwohl gerade deutsche Militärführer der Wehrmacht, wie z. B. Generalfeldmarschall von Manstein oder auch Generalfeldmarschall von Rundstedt, hierzu über enormes Fachwissen verfügen. Die beiden geben nicht viel auf die militärischen Fähigkeiten von Adolf Hitler und der SS unter Heinrich Himmler, deshalb hat man sie in der Endphase des Krieges ihres Kommandos enthoben und in die sogenannte „Führerreserve" versetzt und damit kaltgestellt.

Viele, teilweise sehr fanatische, junge SS-Soldaten gehen schnell und militärisch unnötig in den „Heldentod". „Für den Führer sterben", sich aufopfern, das ist das Wichtigste.

Schon als Kinder werden die jungen Menschen Opfer der NS-Propaganda. Das System der „Hitlerjugend" (HJ) ist ausgeklügelt und manipuliert die junge Generation erfolgreich. Die Mitgliedschaft in der Jugendorganisation der NSDAP, der HJ, wird nicht nur empfohlen, sondern oft mit subtilen Mitteln durchgesetzt. Schon die 10jährigen sind als „Pimpfe" Mitglieder und damit der Propaganda ausgesetzt. Die Großstadtkinder kommen ins „KLV-Lager" (Kinder-Land-Verschickung).[46]
Entscheidet sich trotzdem eine Familie gegen die Teilnahme, droht Ungemach. Systemkritische Äußerungen

Abbildung 37: Zeitungsanzeige im Februar 1945. Reproduktion aus dem "Weilheimer Tagblatt" vom 10.02.1945,

oder gar Handlungen rufen die „Geheime Staatspolizei" (Gestapo) auf den Plan. Es droht der Verlust des Arbeitsplatzes, Folter oder gar die Einweisung in ein Konzentrationslager. In der Schule fragen die „Parteigenossen" (Pg.) im Lehrkörper die Kinder über das zuhause Gesprochene aus. Allerdings gibt es im

---

[46] Ein großes HJ-Lager war z. B. in Königsdorf im Landkreis Bad Tölz. Siehe dazu: https://de.wikipedia.org/wiki/Hochlandlager (aufgerufen am 22.02.2020)

christlich geprägten Bayern immer noch Lehrerinnen und Lehrer „alter Schule", die dagegenhalten.
Die vielen Kindern innewohnende Sammelleidenschaft nutzt die Propaganda ebenfalls; Adolf Hitler, der „Freund der Kinder":

Abbildung 38: Die Hitlerjugend in ihren Uniformen. Foto: Private Sammlung des Verfassers, ursprünglich Beilage in Zigarettenpackungen, Vorder- und Rückseite.

Abbildung 39: Adolf Hitler und Joseph Goebbels, der „Reichspropagandaminister" beschenken bayerische Kinder. Foto: Private Sammlung des Verfassers, ursprünglich Beilage in Zigarettenpackungen, Vorder- und Rückseite.

Adolf Hitler, ist zweimal sitzengeblieben, hat die Realschule in der 8. Klasse ohne Abschluss verlassen und keinen Beruf erlernt. Den ersten Weltkrieg erlebte der „Führer" als eine Art Briefträger-Gehilfe im Gelände (Meldegänger) weit hinter der Front. Damals wurden immer zwei Soldaten eingeteilt, um Nachrichten von einem Gefechtsstand zum anderen zu transportieren. Hatte die lederne Kuriertasche nur ein Kreidekreuz, war keine Eile angesagt. Bei zweien schon mehr und bei drei Kreuzen hieß es „Marsch Marsch". Der Gefreite Hitler hatte während des ganzen Krieges wahrscheinlich keinen einzigen direkten Feindkontakt.

Ein verirrter Granatsplitter traf ihn 1916 am Oberschenkel und 1918 geriet er in eine Gaswolke, was zu einer vorübergehenden Erblindung führte. Gegen Ende des Krieges war er eine Art Servicekraft für Offiziere („Ordonnanz"). Auf Betreiben seines letzten Vorgesetzten, des jüdischen (!) Leutnants Hugo Gutmann, erhielt er kurz vor Kriegsende das „Eiserne Kreuz 1. Klasse" verliehen. Diesen Orden trug er stolz bis zu seinem Lebensende. Informationen über Hitlers Vergangenheit waren damals natürlich streng geheim, die Wahrheit über den „Führer" durfte niemand wissen.[47]

Abbildung 40: Adolf Hitler 1938. An der Jacke oben das runde, goldene Parteiabzeichen, darunter das "Eiserne Kreuz 1. Klasse" aus dem Jahr 1918 und das Verwundetenabzeichen in schwarz für Kriegsverletzungen: Bild BArch 183 H1216-500-002, CC-BY-SA 3.0

---

[47] Vgl.: https://www.welt.de/kultur/article9673138/Adolf-Hitler-war-im-Ersten-Weltkrieg-ein-Feigling.html und https://de.wikipedia.org/wiki/Hugo_Gutmann (aufgerufen am 23.02.2020)

4. Montag, 30.04.1945

Leichter Schneefall, tagsüber 0° C, Nachtfrost

Das 21. US-Korps arbeitet in der Nacht zum Montag die weiteren Angriffspläne aus. In die Lagekarte ist die „FLOT" (Forward Line of Own Troops – vorderste Linie der eigenen Truppen) mit dickem schwarzem Stift eingezeichnet:

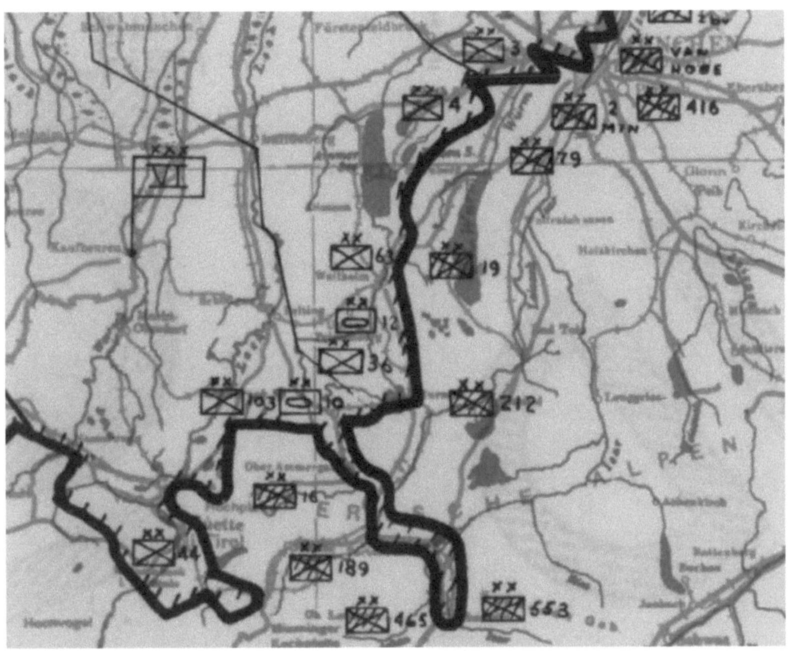

Abbildung 41: US-Lagekarte, Stand: 29.04.1945 24:00 Uhr. Die 44. US-Division ist bis Reutte vorgestoßen, die 10. US-Panzerdivision bis Mittenwald. Der Raum Weilheim – Staffelsee ist von der 12. US-Panzerdivision und der 36. US-Infanteriedivision eingenommen. Am Kochelsee vermutet man deutsche Kräfte in Divisionsstärke (Nr. 212). Reproduktion aus: Situation Map of the 12th Army Group. Library of Congress, Washington DC. Mit freundlicher Genehmigung.

Die 12. US-Division befreit Murnau am Spätnachmittag des 29. Aprils, während sich die 36. US-Division im Raum Weilheim auf den Angriff nach Osten gegen die 212. Volksgrenadierdivision vorbereitet. Die Infanteristen finden ein paar Stunden Schlaf.

Abbildung 42: Fahrzeuge des 493. Gepanzerten US-Feldartilleriebataillons am "unteren Markt" in Murnau, 30.04.1945. Rechts im Bild das Rohr eines 0.30 Zoll Maschinengewehrs, montiert auf einem Halbkettenfahrzeug („half track"). Die Löcher in der Ummantelung dienen der Kühlung; bei Dauerfeuer wird die Waffe sehr schnell heiß. Foto: 12th Armored Division, Abilene, Texas, public domain.

Die Bevölkerung Murnaus freundet sich schnell mit den US-Soldaten an. Als „Eisbrecher" bewähren sich verschenkte Kaugummis, Zigaretten und vor allem Schokolade an die Kinder.

Die benachbarte 10. US-Panzerdivision steht nach einem schnellen Vorstoß über Oberammergau und Garmisch kurz vor Mittenwald. Die Situation ist für die alliierten Kräfte nicht ungefährlich. Der schmale eroberte Geländestreifen öffnet ungesicherte Flanken. Ideal für einen Gegenangriff der SS.

Major General Frank Milburn setzt der 36. US-Division deshalb Bad Tölz als nächstes Angriffsziel. Die Frontlinie wird damit verkürzt. Das 141. US-Infanterieregiment, verstärkt mit zwei Kompanien des 753. Panzerbataillons, soll als Speerspitze den Angriff vorantragen.

Der erfahrene Regimentskommandeur, Oberst Owens, befiehlt dazu seinem I. Bataillon einen Weg über Beuerberg und Königsdorf nach Bad Tölz zu erkunden; das II. Bataillon soll südlich davon zuerst Penzberg einnehmen und tags darauf über Bad Heilbrunn nach Osten vorstoßen. Als Regimentsreserve wird das III. Bataillon eingeteilt und in einen Verfügungsraum im Bereich Weil/Iffeldorf bei Seeshaupt beordert.

Am frühen Nachmittag hat das I. Bataillon Beuerberg erreicht, nimmt das Dorf kampflos ein und sucht vergeblich einen Loisach-Übergang. Deutsche Pioniere haben im letzten Augenblick nahezu alle Brücken über diesen Fluss zerstört, sogar die Eisenbahnbrücke bei Bichl. Der Vormarsch stockt.

Abbildung 43: Unpassierbar gemachter Loisach-Übergang, 30.04.1945, Foto: 12th Armored Division, Abilene, Texas, USA, public domain.

Das II. Bataillon verbringt den Tag und eine ruhige Nacht zum 1. Mai in Penzberg. Besonders tragisch ist, dass nicht einmal 48 Stunden davor mutige Männer ihr Leben lassen mussten, damit die Stadt kampflos übergeben werden konnte, siehe weiter oben.[48]

Die schließlich anrückenden US-Truppen treffen tatsächlich auf keinen Widerstand, die Nazis haben die Stadt Richtung Süden verlassen. Das Kriegstagebuch spricht von einer freundlichen deutschen Bevölkerung, die US-Soldaten werden mit guten, warmen Mahlzeiten versorgt. An vielen Gebäuden hängen weiß-blaue Fahnen, was die Amerikaner sehr verwundert, sie hatten weiße Fahnen erwartet.

Das III. Bataillon geht bis Weil und Iffeldorf vor. Dort gibt es Widerstand durch SS-Soldaten, die nach einem kurzen Feuergefecht mit den Amerikanern aber schnell das Weite suchen. Es handelt sich dabei um die Wachmannschaft eines in Staltach wegen Stromausfalls stehen gebliebenen Güterzuges mit etwa 2.400 KZ-Häftlingen in 45 Güterwaggons.[49] Das Kriegstagebuch spricht von vielen Personen in

Abbildung 44: Von SS-Soldaten erschossene Häftlinge in einem bei Staltach von US-Soldaten der 36. US-Division vorgefundenen Güterwagen. Bild: National Archives (NARA), Bild ID: 111-SC-205480, public domain.

---

[48] siehe dazu: http://www.mordnacht.de/28april.shtm (aufgerufen am 22.05.2019)
[49] siehe dazu: (aufgerufen am 22.05.2019)
https://www.sueddeutsche.de/muenchen/wolfratshausen/erinnerung-an-den-todeszug-das-hat-mir-keine-ruhe-gelassen-1.2458369

einem äußerst schlechten Allgemeinzustand. Selbst in der nüchternen Militärsprache kann man das Entsetzen der militärischen Führer vor Ort erkennen.

Das ganze US-Bataillon ist im Einsatz, um die Befreiten mit dem Nötigsten wie Nahrung und Kleidung zu versorgen. Glücklicherweise ist eine Sanitätskompanie des 111. Medical-Bataillons in der Nähe; es hat viel zu tun. Das US-Kriegstagebuch spricht von hunderten zu versorgender DP's („Displaced Persons", die offizielle Bezeichnung für vertriebene Personen ohne Wohnsitz) Die US-Soldaten weisen die Bewohner an, Häftlinge aufzunehmen. Ganze Gehöfte räumt man und quartiert dort viele der Entkräfteten ein. Viele der Schwerkranken werden sofort ins Feldlazarett nach Landsberg transportiert. Die Wut auf alles, was eine schwarze SS-Uniform trägt, wird immer größer.

Abbildung 45: US-Sanitätssoldat mit drei "Displaced Persons" (so die offizielle US-Bezeichnung für befreite, aus ihrer Heimat vertriebene Personen). Foto: 12th Armored Division, Abilene, Texas, USA, public domain.

Inzwischen fliegt unabhängig von den Bodentruppen die Begleitstaffel der US-Army-Air-Force einzelne Luftangriffe auf „lohnende Ziele". In Waakirchen gibt es dadurch z. B. 17 Tote.[50] Auch der Bahnhof „Gaisach" (damalige Schreibweise) wird mit Bordwaffen angegriffen. Die meisten Opfer sind Zivilpersonen. Besonders tragisch ist der Angriff auf einen Zug der Isartalbahn in Beuerberg, er fährt Richtung Alpenfestung und transportiert KZ-Häftlinge. Leider werden beim Beschuss der Lokomotive auch die ersten beiden Wagen getroffen. Mehrere Häftlinge sind sofort tot, viele verletzt. Trotzdem können die restlichen Güterwagen, mit einem zweiten Bahntransport zusammengekoppelt, nur wenige Stunden vor dem Eintreffen der US-Bodentruppen den Bahnhof Richtung Kochel verlassen.[51]

In Berlin ermordet Adolf Hitler an diesem Tag gegen 15.15 Uhr seine frisch angetraute Ehefrau Eva Braun und begeht anschließend Selbstmord. Die Nachricht bleibt den ganzen Tag über geheim. Der Großdeutsche Rundfunk schaltet aber um auf ernste Musik; einige ahnen, was passiert sein könnte.

Das SS-Pionierbataillon 17 erreicht, aus Starnberg kommend, Bad Tölz. Der Kommandeur bittet um einen anderen Einsatzort, Bad Tölz gilt als „Lazarettstadt" und soll nicht von kämpfender Truppe besetzt werden. Der Bitte wird nicht entsprochen, die Pioniere müssen die Isarbrücke zur Sprengung vorbereiten.

Inzwischen ist auch Generalleutnant Hahm mit seinem Stab eingetroffen, er errichtet seinen Gefechtsstand in Dietramszell.

---

[50] siehe z. B.: https://tegernseerstimme.de/todesangst-und-hungersnot/ (aufgerufen am 23.05.2019)
[51] Vgl.: https://www.gedenken-im-wuermtal.de/files/wtn/partner/gedenken-im-wuermtal/archiv/6.2.5.html (aufgerufen am 23.05.2019)

Abbildung 46: Lehrgangsteilnehmer marschieren aus der "Junkerschule" der SS in Bad Tölz. BArch Bild Nr. 101III-Junkerschule-Toelz-5229-06, Lizenz CC-BY-SA 3.0

Die letzten Lehrgangsteilnehmer verlassen zusammen mit dem Schulstab unter dem Kommando von Obersturmbannführer Bernhard Dietsche die SS-Junker-Schule Bad Tölz. Sie sind auf dem Weg über die Jachenau zum Walchensee und sollen auf Befehl von Generalleutnant Hahm das Vordringen des Feindes über die Kesselberg-Route verhindern und bei Vorderriss eine Sperre errichten. Die etwa 600 Mann haben nur leichte Waffen; die SS-Division sagt Verstärkung durch Granatwerfer und einige Geschütze zu (die ohnehin knapp sind).

In Gaißach und Wackersberg werden die ersten eintreffenden SS-Soldaten der 17. Waffen-SS-Division einfach in umliegende Bauernhöfe einquartiert; die Zivilbevölkerung ist dagegen machtlos. Es fließt reichlich Alkohol.

5. Dienstag, 01.05.1945

Schneefall, tagsüber 0° C, Nachtfrost

Das Ziel der Amerikaner für diesen Tag ist Bad Tölz. In den frühen Morgenstunden entdeckt ein Aufklärungstrupp des I. US-Bataillons eine noch intakte Brücke in Eurasburg, die bereits zur Sprengung vorbereitet ist. Gerade noch können die Zünddrähte durchtrennt werden, die Brücke bleibt unversehrt, 500 Mann setzen über und kommen trotz eisiger Kälte gut voran. Bis zur

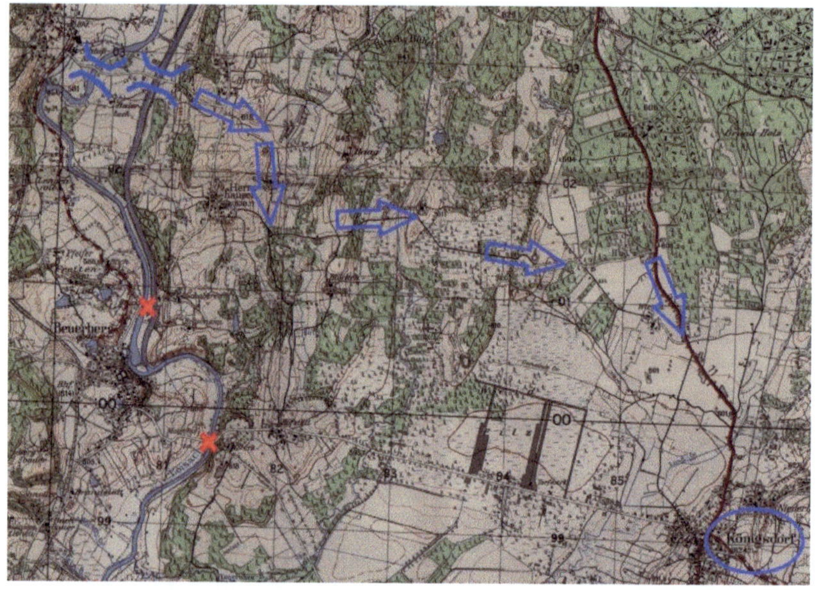

Abbildung 47: Die gesprengten Brücken über die Loisach sind rot markiert, blau der Marschweg des I. Bataillons des 141. US-Infanterieregiments am 1. Mai 1945. Karte: Reichsamt für Luftaufnahme, Reproduktion Brigham Young University, eigene Bearbeitung

Mittagszeit ist ohne Feindkontakt Königsdorf erreicht. Heute benötigt man für die 12 Kilometer fünfzehn Minuten. Damals, im unbekannten schwierigen Gelände, gelten drei Kilometer pro

Stunde als „schnelles Vordringen". Schließlich ist jederzeit mit Feind zu rechnen und die zwölf zur Verstärkung mitfahrenden 30 Tonnen schweren Sherman-Panzer sind mit ihren knapp 15 PS pro Tonne Gewicht nicht so schnell. Dazu kommt schlechtes Wetter. Leichter Schneefall verwandelt die schlechten Straßen an steilen Stellen in Rutschbahnen. Panzer sind davon besonders betroffen. Sie haben durch die große Auflagefläche der Kette einen geringen Bodendruck pro Quadratzentimeter. Deshalb fahren sie sich auf den rutschigen und schneebedeckten Straßen häufig fest und müssen aufwändig geborgen werden.

Wo immer es lageabhängig geht, sitzen die Fuß-Soldaten auf und lassen sich ein Stück weit von den Panzern transportieren. Ein Infanterie-Bataillon verfügt eben nicht über genügend Transportraum und muss sich so behelfen.

Abbildung 48: Die US-Infanteristen sitzen bei eisiger Kälte auf einem M4-Sherman Panzer, um schneller voran zu kommen. Die Offiziere fahren im offenen „Jeep", im Feindesland ist Übersicht wichtiger als Kälteschutz. Foto: 12th Armored Division, Abilene, Texas, USA, public domain.

Die Alliierten arbeiten auch mit Propagandamethoden. Zahlreiche Flugblätter regnen aus Flugzeugen herab; wer sie nicht sofort bei den Behörden abliefert, riskiert die Todesstrafe.

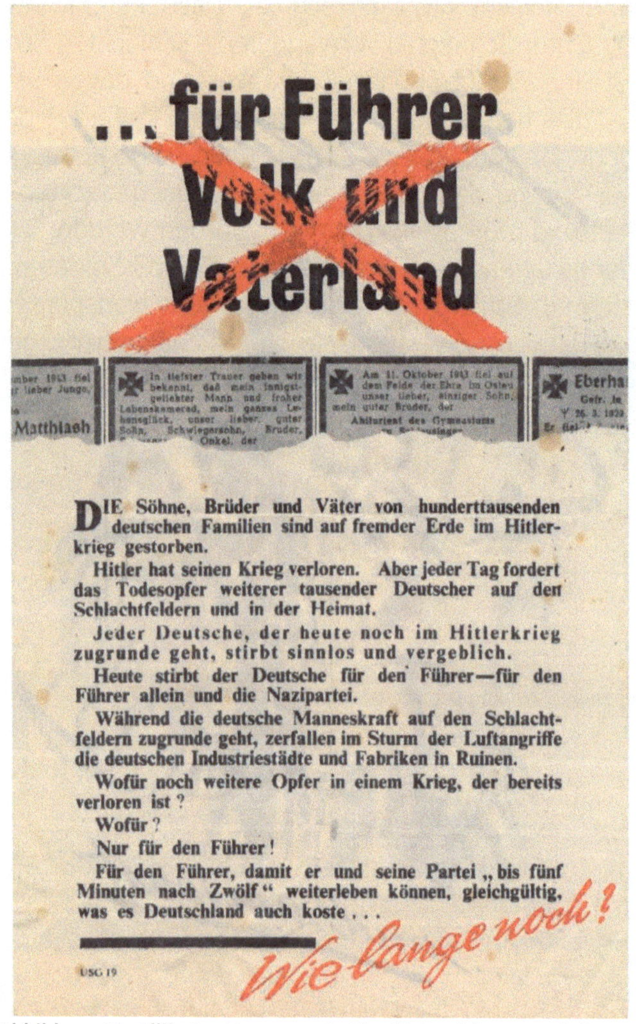

DIE Söhne, Brüder und Väter von hunderttausenden deutschen Familien sind auf fremder Erde im Hitlerkrieg gestorben.

Hitler hat seinen Krieg verloren. Aber jeder Tag fordert das Todesopfer weiterer tausender Deutscher auf den Schlachtfeldern und in der Heimat.

Jeder Deutsche, der heute noch im Hitlerkrieg zugrunde geht, stirbt sinnlos und vergeblich.

Heute stirbt der Deutsche für den Führer—für den Führer allein und die Nazipartei.

Während die deutsche Manneskraft auf den Schlachtfeldern zugrunde geht, zerfallen im Sturm der Luftangriffe die deutschen Industriestädte und Fabriken in Ruinen.

Wofür noch weitere Opfer in einem Krieg, der bereits verloren ist?

Wofür?

Nur für den Führer!

Für den Führer, damit er und seine Partei „bis fünf Minuten nach Zwölf" weiterleben können, gleichgültig, was es Deutschland auch koste...

Abbildung 49: Alliiertes Propaganda-Flugblatt, sichergestellt im April 1945. Diese Exemplare sind sehr selten, entweder vernichtete sie der Finder aus Angst vor Strafe oder die Staatsmacht. Foto: Privat.

$$*$$

In Bad Tölz macht man sich inzwischen große Sorgen. Zwar sprechen die „Parteigenossen" immer noch vom „Endsieg", doch in der Ferne ist bereits Kanonendonner zu hören. Nicht nur die Kriegsteilnehmer 1914/18, jetzt im „Volkssturm", wissen, was das bedeutet. Jeder Baum, jeder Strauch soll bis zur letzten Patrone verteidigt werden – so die Parole der SS-Führer vor Ort. Verstärkt um kaum 16jährige einheimische „Hitlerjungen" und ungediente, bisher unabkömmliche Männer hat allein in der Stadt Bad Tölz eine Stärke von vier Kompanien mit insgesamt etwa 600 Mann. Jede Gemeinde musste eine „Volkssturmeinheit" bilden.[52] In vielen Schulungsabenden am Gewehr und der „Panzerfaust"[53] ausgebildet hatten sie in mühevoller Arbeit Straßensperren aus Baumstämmen angelegt und „Panzergräben" gezogen, die sie jetzt bewachen sollten.

Dazu trafen sich im Gasthaus Alpenblick am alten Bahnhof die aus großen Städten evakuierten Jugendlichen und die Söhne der bereits zahlreich in der Stadt angekommenen deutschen Flüchtlinge aus den Ostgebieten. Sie sollten auf Befehl Himmlers als „Werwolf-Jagdgruppen" mit jeweils 5 Mann im Rücken des Feindes als Partisanen wirken und Attentate verüben. Ein illegales, nach Kriegsvölkerrecht untersagtes Unterfangen, und ein weiteres Verbrechen der Nationalsozialisten.[54]

---

[52] Siehe (Wiedemann, 1955) S. 37.

[53] Panzerfaust: Rückstoßfreie Nahkampfwaffe, die bei richtiger Handhabung aus etwa 60 Metern Entfernung einen Kampfpanzer außer Gefecht setzen kann. Zu technischen Details siehe z. B.: https://de.wikipedia.org/wiki/Panzerfaust (aufgerufen am 08.04.2020)

[54] Ortsangaben entnommen: (Wiedemann, 1955), S. 38. Details zum Werwolf: https://de.wikipedia.org/wiki/Werwolf_(NS-Organisation) (aufgerufen am 08.04.2020)

Der Bürgermeister der Stadt Bad Tölz, Alfons Stollreither, gilt als
strammer Nationalsozialist und doch überlegt er, zusammen mit

Abbildung 50: Bürgermeister Alfons Stollreither, im Hintergrund, mit
"deutschem Gruß". Vorne im Profil der damalige Gauleiter von Bayern,
Adolf Wagner. Foto: Stadtarchiv Bad Tölz, mit freundlicher Genehmigung.

Gewerbeoberlehrer Drexler und weiteren Bürgern, wie das Schlimmste, die Zerstörung der Stadt bei Kampfhandlungen, zu verhindern sei. Um den SS-Führern vor Ort Vorschriften machen zu können, ist sein Rang in der Parteihierarchie zu klein. Ohne Unterstützung von höherer Stelle ist nicht viel zu machen. Trotzdem versucht er es zumindest. Zusammen mit dem Chefarzt des Tölzer Lazaretts, Dr. Hohenadl, und dem ranghöchsten Patienten im Lazarett, Wehrmachtsgeneral Kuno-Hans von Both, fährt er nach Dietramszell zum Befehlshaber, Generalleutnant Hahm. Dieser reagiert empört, droht mit Aufhängen und verbittet sich die Einmischung. Jede Behinderung der SS wäre Hochverrat, in so einem Falle würde Bad Tölz von allen vier Seiten angezündet und vollkommen zerstört.[55]

Durch die Stadt fahren den ganzen Tag demolierte Lastwagen aus dem Norden des Reiches, beladen mit Material, Wertgegenständen, kompletten Registraturen der Partei. Dazu kommen viele Autos mit Beamten aus München und Berlin, versprengte Soldaten in zerlumpten Uniformen, durchfroren und müde, Pferdegespanne – ein trostloses Bild der Auflösung, schreibt ein Zeitzeuge.[56]

Die Bemühungen des Bürgermeisters zur Rettung der Stadt bleiben dem ranghöchsten in der Stadt anwesenden Soldaten nicht verborgen, was sich noch als Glücksfall erweisen sollte. Generalfeldmarschall von Rundstedt, 70 Jahre alt, 53 Dienstjahre, bis vor kurzem Oberbefehlshaber der Westfront, nach Meinung des amerikanischen Oberbefehlshabers General Eisenhower der fähigste deutsche Militärführer, befindet sich

---

⁵⁵ (Wiedemann, 1955) S. 40, berichtet als bei der Unterredung anwesender Zeitzeuge.
⁵⁶ Ebd. S. 40

wegen einer Durchblutungsstörung an den Beinen zu einer zweiwöchigen Kur in der Stadt.[57] Er erfährt von der vergeblichen Fahrt zu Generalleutnant Hahm und den Drohungen, die dieser ausgestoßen hat.[58] Von Rundstedt hat dafür gar kein Verständnis. Für ihn ist das Verhalten Hahms ein durch nichts zu rechtfertigender Verstoß gegen die Offiziersehre. Er sieht sich als „Diener der Nation" und steht den unmenschlichen Methoden der Nazis ablehnend gegenüber. Preußische Tugenden des Soldaten stehen für ihn über der Politik. Den schützenden Status einer „Lazarettstadt" zu missbrauchen um einen kriegerischen Vorteil auf Kosten unschuldiger Zivilisten und Verletzter zu erlangen, kommt für ihn auf keinen Fall in Frage.[59]

Am Abend, im Halbdunkel, nähert sich ein zehn Mann starker US-Spähtrupp der A Kompanie unter dem Kommando von Leutnant (2nd Lt.) Joseph Burke aus St. Petersburg/Florida der Unterkunft von Rundstedts. Burke war bis vor kurzem „nur" Gefreiter und wurde aufgrund überragender Leistungen zum Offizier vorgeschlagen und in einem dreiwöchigen Crashkurs auf Schloss Fontainebleau in Frankreich für die Offizierslaufbahn ausgebildet. Als er von einem Kriegsgefangenen den Tipp mit der Adresse bekommt, zieht er sofort los. Am betreffenden Hauseingang steht ein deutscher Soldat; ein Schuss fällt, die amerikanischen Infanteristen gehen in Deckung. In der Dunkelheit pirscht sich der Leutnant an den Hauseingang heran und findet ihn verschlossen. Schnell umrundet er mit zwei Soldaten das

---

[57] Sicher im „Badviertel", wahrscheinlich im Haus „Tannenberg".
[58] Das bestätigt auch: (Wiedemann, 1955), auf S. 42
[59] Von Rundstedt gibt dies auch bei den späteren Verhandlungen im Rahmen der „Nürnberger Kriegsverbrecherprozesse" zu Protokoll. „Die sogenannte Herrenrasse ist ein Unding!", so seine Aussage. Details finden sich in dieser historischen Tonaufnahme (ab Minute 09:20) https://catalog.archives.gov/id/114286881 (aufgerufen am 09.04.2020)

Gebäude und kann über einen unverschlossenen Kellereingang eindringen. Der Trupp entdeckt bei Kerzenschein im Hausflur mehrere deutsche Soldaten, die überraschenderweise salutieren. Ein deutscher Leutnant bittet den amerikanischen Offizier ins Wohnzimmer und stellt ihm seinen Vater vor:

Abbildung 51:In der Mitte Generalfeldmarschall Gerd. v. Rundstedt, links sein Sohn Hans, Dienstgrad Leutnant, rechts ein US-Sergeant, BArch; Bild: 146-2007-0020.

Der Generalfeldmarschall ergibt sich förmlich, fordert seinen Fahrer auf, den Dienstwagen zu holen und fährt mit den

Amerikanern zum Gefechtsstand der US-Division. Dieser befindet sich auf Schloss Hirschberg am Haarsee. Glücklicherweise hat Leutnant Burke sechs Jahre lang die deutsche Sprache studiert und übersetzt die Aussagen von Rundstedts während der knapp 40 km Fahrt; man begegnet sich sehr respektvoll.

Dort hat Major General Dahlquist an diesem Tag bereits einen weiteren prominenten Gefangenen vernommen: Vizeadmiral Miklós Horthy von Nagybánya, „Reichsverweser" und bis Oktober 1944 Staatsoberhaupt von Ungarn. Die Nationalsozialisten hatten ihn in eben diesem Schloss interniert.

Abbildung 52: Vizeadmiral Horthy, rechts, in Zivil, neben Major General John Dahlquist, Kommandeur der 36. US-Infanteriedivision. Das Schild oben zeigt den Weg zum „CG" dem Commanding General, dazwischen das „T" („T-Patcher") der Divisionsname. Schloss Hirschberg, 01.05.1945, SZ-Photo hoff 54770.

Doch das Gespräch mit dem früheren Oberbefehlshaber der deutschen Westfront ist von anderer Qualität. Der genaue Wortlaut ist nicht überliefert, das Ergebnis lässt jedoch Rückschlüsse zu. Die US-Führung ändert in dieser Nacht ihre Vorgehensweise. Das rettet viele Menschenleben und bewahrt insbesondere Bad Tölz vor erheblichen Zerstörungen.

Mit Sicherheit wusste der alte Feldmarschall über die Schwächen der 17. Waffen-SS-Division Bescheid: Keine Panzer, kaum Artillerie, großen Teils unerfahrenes Personal und vor allem kaum Zeit, sich mit ausgebauten Stellungen in der Stadt zur Verteidigung, zum Häuserkampf einzurichten. Angenommen, die Aussagen von Rundstedts später, vor Gericht, entsprechen der Wahrheit und er sah sich wirklich als „Diener der Nation". Dann hat er tatsächlich angesichts der angekündigten Gräueltaten Hahms und der SS sein Wissen mit den US-Kommandeuren geteilt, um sinnlose Zerstörungen zu verhindern.

Das kann die Änderungen der US-Einsatzpläne erklären: Jetzt nämlich wird nicht mehr bei deutschem Widerstand Salve um Salve der reichlich vorhandenen schweren Artilleriemunition auf das Angriffsziel abgefeuert, um das Leben der US-Soldaten zu schonen. Nun vermeidet man das Dauerfeuer der Geschütze. Es gibt keinen Luftangriff. Die US-Soldaten gehen mit durch Panzer verstärkter Infanterie vor und setzen die todbringenden schweren Granaten nur noch sehr begrenzt ein.[60] Das riskiert ein verantwortungsvoller militärischer Führer nur, wenn er über genaue Feindinformationen verfügt.

---

[60] Der bayerische Wiederaufbauatlas berichtet lediglich von zwei (!) schwer beschädigten Gebäuden in der Marktstraße. Dazu kommen natürlich weitere, mittlere Schäden durch Panzergeschosse und kleinere Granaten. Siehe dazu: (aufgerufen am 10.04.2020)
https://www.bavariathek.bayern/wiederaufbau/orte/detail/bad-toelz/93

Die Meldung über den prominenten Gefangenen geht die Befehlskette hoch. Der nächsthöhere US-General, Frank Milburn, der Kommandeur des 21. US-Korps, möchte von Rundstedt sprechen, die Generale Alexander Patch (Kommandeur der 7. US-Armee) und Jacob Devers (Kommandeur der 6. US-Armeegruppe) ebenfalls. Der Oberbefehlshaber, General Dwight D. Eisenhower wird informiert.

Die „T-Patcher", besonders die Männer des 141. Regiments, sind zu Recht stolz auf diesen Fang, sie erstellen dazu eine Sonderausgabe der Regimentszeitung:

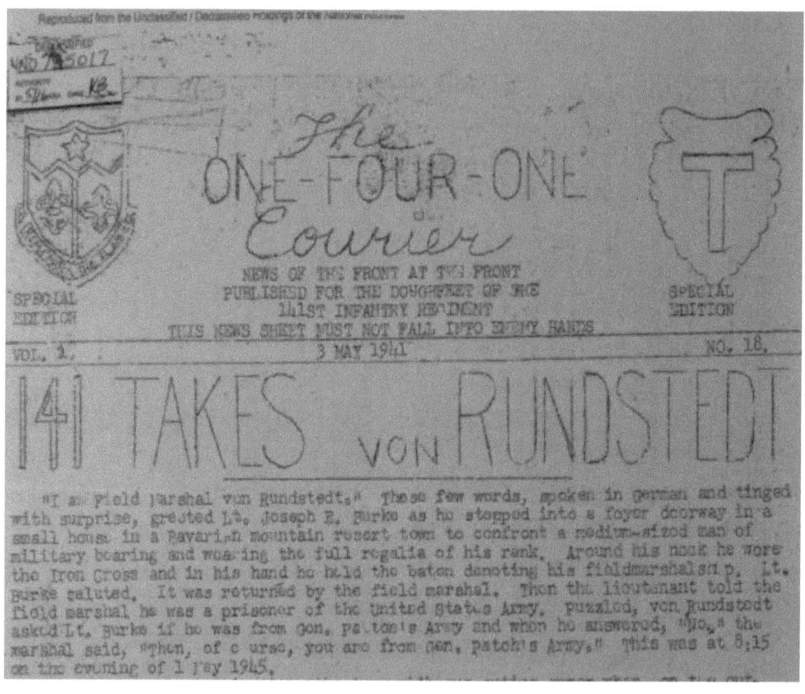

Abbildung 53: Eigene Reproduktion, Anlage zum Kriegstagebuch des 141. Infanterieregiments, 2400 02 may 1945, mit freundlicher Genehmigung.

Inzwischen ist tagsüber das II. Bataillon aus Penzberg kommend Richtung Bad Tölz vorgestoßen. An einer kleinen Brücke bei Bad Heilbrunn gibt es einen aus amerikanischer Sicht kleinen Zwischenfall, der später zur Vorlage für den Anti-Kriegsfilm „Die Brücke"[61] wird. Mehrere junge Rekruten, unter ihnen Gregor Dorfmeister, Geburtsjahrgang 1929, sollen dort verteidigen.[62]

Ein sehr gefährliches Unterfangen, die SS-Führung musste mit einem amerikanischen Vorstoß zwingend rechnen. Ein mit zwei Panzern verstärkter Spähtrupp des II. US-Bataillons wird laut Kriegstagebuch an der Brücke mit „Panzer-Nahkampfmitteln" aus kurzer Entfernung beschossen, einer der Panzer gerät dadurch in Brand. Das kam nicht selten vor, durch

Abbildung 54: Ein Sherman-Panzer des Bad Heilbrunn eingesetzten 753. US-Panzerbataillons. Man erkennt die "Zusatzpanzerung" mit Sandsäcken. Foto: Still Picture aus US-National Archives (NARA), Film ID 111-adc-2730, public domain.

eine ungünstige Konstruktion der Luftfilteransaugstutzen passierte das leider nur zu oft. Die erfahrenen Panzersoldaten des hier eingesetzten Bataillons bestücken die Panzerfront zusätzlich mit Sandsäcken. Das kann zwar einen Brand nicht

---

[61] Der Film hat internationale Bedeutung gewonnen: (aufgerufen am 10.04.2020) https://de.wikipedia.org/wiki/Die_Br%C3%BCcke_(1959)

[62] (Wiedemann, 1955), S. 37, spricht von 25 jungen Burschen, die mit Pistolen und Panzerfäusten von der SS-Junkerschule kommend, teils hoch zu Ross, Richtung Bichl abrückten, um die Amerikaner aufzuhalten.

verhindern aber die Panzerung wird nur noch selten komplett durchschlagen. Die Besatzung kann dann noch „ausbooten", das Fahrzeug lebend verlassen.

Es sieht so aus, als wären die Rekruten nur der Lockvogel gewesen, um die Amerikaner abzulenken. Der US-Bericht spricht von mehreren versteckten Scharfschützen und heftigem Maschinengewehrfeuer auf den Spähtrupp; das entspricht nicht der Bewaffnung der Jugendlichen. Mehrere amerikanische Soldaten werden dadurch verletzt, das Kriegstagebuch vermerkt aber hier glücklicherweise keine Gefallenen. Dorfmeister hat also hier mit seinen Kameraden durch den Einsatz einer Panzerfaust keinen Menschen getötet – aber einen Panzer zerstört.

Abbildung 55: Eine vergleichbare Gruppe Jugendlicher mit Kampfauftrag; diese haben sich zwei Tage zuvor bei Unterammergau der benachbarten 10. US-Panzerdivision ergeben. Foto: Still Picture aus US- National Archives (NARA), Film ID: 111-adc-4296, public domain.

Das II. Bataillon führt weitere acht Sherman-Panzer nach vorne, bricht den Widerstand durch massives Feuer und greift den ganzen Tag weiter Richtung Bad Tölz an. Besonders am Blomberg leisten Wehrmachtssoldaten nachhaltig Widerstand, das kostet Zeit. Die schneebedeckten Straßen verlangsamen den Vormarsch zusätzlich. Vorneweg fährt jetzt immer ein Spähtrupp. Erst am Abend erreichen sie nach weiteren kurzen Gefechten mit einzelnen SS-Trupps den westlichen Ortsrand von Bad Tölz und sichern sich dort für die Nacht.

Inzwischen ist das III. Bataillon vollauf damit beschäftigt, die jetzt befreiten KZ-Häftlinge zu versorgen. In Bichl entdecken sie viele weitere Halbverhungerte in der typischen gestreiften Kleidung. Das Regiment meldet insgesamt 6.000 (!) aus zwei Bahntransporten stammende Personen in einem fürchterlichen Zustand. Die Soldaten des Sanitätsbataillons sind rund um die Uhr im Einsatz, können aber nicht alle in dem für einen solchen Ansturm nicht ausgelegten Feldlazarett behandeln. Der Transportkompanie wird befohlen, möglichst viele mit Lastkraftwagen ins größere Lazarett nach Landsberg zu fahren. Die Zivilbevölkerung muss einstweilen Kleidung, Nahrung und Unterkunft bereitstellen.

Nur eine Kompanie des III. Bataillons liegt noch in Penzberg und bildet die Regimentsreserve – bereit zum Eingreifen, falls sich in Bad Tölz größerer Widerstand zeigen sollte und die Unterstützung durch die Begleitartillerie nicht ausreicht. Es sind zwölf schwere Geschütze mit einem Kaliber von 155 mm und sechs mittelschwere mit 105 mm Geschossdurchmesser auf „Selbstfahrlafetten“, die in einigem Abstand den vorne angreifenden Kompanien folgen. Die bis zu 43 kg schweren, wahlweise mit weißem Phosphor oder Sprengstoff gefüllten

Projektile können die vorne kämpfenden Infanteristen binnen Minuten unterstützen.

Abbildung 56: Ein 105mm Geschütz auf „Selbstfahrlafette" M4 Sherman. Foto: Texas Military Museum, Austin, USA. Mit freundlicher Genehmigung.

Über Funk wird das Artilleriefeuer bis zu 20 km weit genau ins Ziel gelenkt. Dabei übermittelt ein vorne mit der Truppe mitfahrender Artillerie-Offizier (FO – „Forward Observer") die Zielkoordinaten. Ein Schuss wird abgefeuert und über Funk dem Offizier angekündigt. Dieser beobachtet den Einschlag und gibt, falls erforderlich, Änderungen der Koordinaten durch. Ist schließlich der „Probeschuss" im Ziel, folgt eine ganze Serie („round") mit allen Geschützen. Munition für zwanzig „rounds" liegt bereit. Die Wirkung auf die Ziele in der Stadt Bad Tölz wäre furchtbar. Ein, zwei Treffer genügen, um ein Haus komplett zu zerstören.

Immer wieder kommt die Artillerie aber schon auf dem Weg nach Bad Tölz zum Einsatz, denn die Straßen sind voller Sperren. Die US-Soldaten sind vorsichtig, sie vermuten Minen in den querliegenden Holzstapeln. Deshalb schießen sie bei so einem Verdacht zuerst mit Geschützen (oder Panzerkanonen, wenn

Abbildung 57: US-Pioniersoldaten beim Verlegen von Sprengladungen zu je 200 Gramm an einer Baumsperre. Der Vorrat ist groß; für die Sperre reichen vier der quaderförmigen TNT-Packungen. Still Picture aus US-National Archives (NARA), Film ID: 111-SC-274831, public domain.

möglich) darauf, bei Beschuss würden diese hochgehen. Sind keine Minen festgestellt, müssen die Pioniere das Hindernis sprengen. Das Beiseiteschieben ist dann weniger gefährlich. Generalmajor v. Buddenbrock hat mit den Soldaten seiner Volksgrenadierdivision ganze Arbeit geleistet, es sind mehr als ein Dutzend Sperren, zumeist aus rasch gefällten Bäumen auf dem Weg nach Bad Tölz. Der Vormarsch des II. Bataillons verzögert sich, kurzzeitig wird sogar ein Umweg über den Anmarschweg des I. Bataillons erwogen. Schließlich können aber die amerikanischen Pioniersoldaten alle Sperren beseitigen.

Oberst Owens verlegt bei laufenden Gefechtshandlungen sein Hauptquartier von Seeshaupt nach Bichl.

In Bad Tölz hört man den langsam näherkommenden Donner der Geschütze und Panzerkanonen. Die Zivilbevölkerung ist in großer Sorge.

Abbildung 58: Deutsche Kriegsgefangene (POW = Prisoners of war), vorne ein Willys Jeep, 2,2 Liter Hubraum, 61 PS, das Standardfahrzeug der US-Truppen. Foto: US Army Archive, CC-BY-SA 2.0.

Immer wieder ergeben sich deutsche Soldaten den Amerikanern. Allein an diesem Tag meldet das Regiment 373 Soldaten und 17 Offiziere als neue Kriegsgefangene an die Division. Die Gefangenen werden medizinisch erstversorgt und zu provisorischen Sammelstellen gebracht. Die US-Führung hatte nicht mit so vielen gerechnet.

Die deutsche Bevölkerung hört nach stundenlanger schwerer Musik im Rundfunk, dass der „geliebte Führer, Adolf Hitler, an der Front bis zur letzten Patrone kämpfend den Heldentod gestorben" ist.[63] Trotzdem halten die NS-Funktionäre und SS-Führer an ihrem Treueeid fest und weigern sich zu kapitulieren. Deserteure hängen schnell am nächsten Baum, Zivilpersonen, die „behindern", ebenfalls. Jeder Offizier der SS kann im Stehen sofort ein Todesurteil aussprechen („Standgericht").

5)Jn allen Fällen, in denen seitens der Zivilbevölkerung irgendwie die
  Kampfführung der Truppe absichtlich behindert wird, ist sofort unter
  Hinzuziehung des zuständigen Parteiorgans standgerichtlich gegen die
  Rädelsführer vorzugehen. Jn dringenden Fällen ist eine Exekutive der
  Truppe auch ohne standgerichtliches Verfahren zulässig u.geboten.
  Der verantwortliche Offz.hat hierüber unmittelbar an Ob.West zu be-
  richten.
6)Wo die Bevölkerung bei Annäherung des Feindes weisse Tücher zeigt,
  sind die betreffenden Häuser zu zerstören (Abbrennen) u.die männlichen
  Bewohner dieser Häuser vom vollendeten 16.Lebensjahre ab zu er -
  schiessen.
                        Der Oberbefehlshaber West
                        gez.Kesselring, Gen.Feldmarschall
          Abt.III Nr.46/45 geh.
          AOK 1, Armeerichter gez.Dr.Freiherr von Wrangel,
                     Oberfeldrichter.

Generalkommando LXXXII.A.K.   Geheim!   Den 2o.4.45.
II a Nr.221/45 geh.

        Vorstehende Abschrift zur Kenntnis und Beachtung. Befehl ist
nach Kenntnisnahme bei Div.zu vernichten.
Weitergabe nach unten bis zum letz-   Für das Generalkommando
ten Soldaten nur mündlich.   Der Chef des Generalstabes
                                              J.A.

                                       Major und Adjutant.

Abbildung 59: Private, unveränderte Reproduktion des Originalbefehls an die 17. Waffen-SS-Division am 20. April 1945.

---

[63] vgl. dazu: https://www.welt.de/geschichte/zweiter-weltkrieg/article176600506/Suizid-mit-Blausaeure-Blaeulicher-Schimmer-auf-Hitlers-Zaehnen.html (aufgerufen am 13.04.2020)

In der Stadt wird Generalfeldmarschall Albert Kesselring gesehen, das berichten Kriegsgefangene laut Tagebuch den Amerikanern. Er ist der Nachfolger des Gerd v. Rundstedt als Oberbefehlshaber „West" und zugleich Befehlshaber für Italien. Sehr wahrscheinlich ist er auf der Durchreise, sein letztes Hauptquartier bei Aichach musste er schnell räumen. Von ihm stammt dieser brutale, gegen Zivilisten gerichtete Mordbefehl (siehe Abb. 59): Hängt an einem Haus eine weiße Fahne, so sind alle Bewohner ab 16 zu erschießen. Bei Kriegsende ist er sich keiner Schuld bewusst – er habe nur Befehle befolgt.

Abbildung 60: Generalfeldmarschall Albert Kesselring, lachend in der Mitte, kurz nach seiner Gefangennahme in Berchtesgaden am 15. Mai 1945. Rechts Maxwell D. Taylor, Kommandeur der 101. US-Fallschirmjägerdivision, damals Major General. Links sein Stellvertreter, Brigadegeneral Gerald J. Higgins, damals mit 35 Jahren der jüngste Offizier im Generalsrang der US-Army. Foto: Standbild aus: US National Archives (NARA), Film ID: 111-ADC-4326, public domain.

SS-Kräfte richten sich am südlichen und östlichen Ortsrand von Bad Tölz zur Verteidigung ein. Dazu werden Sandsäcke befüllt und als Auflagen für die Waffen und zugleich als Deckung für die Soldaten positioniert. Holz wäre zu gefährlich, bei Beschuss würden sich unkontrolliert Splitter lösen. Natürlich liegen auch Panzernahkampfmittel („Panzerfäuste") bereit. Wirklich zielsicher sind diese aber nur auf höchstens 25 Meter Kampfentfernung. Unerfahrene Schützen, und das sind die meisten, erzielen damit höchstens Zufallstreffer.

Die wichtige Isar-Brücke in Höhe der Altstadt ist jetzt zur Sprengung vorbereitet, mehrere Sprenglöcher können die üblichen 100 Kilogramm Sprengstoff aufnehmen, die Zündung kann elektrisch über Drähte durch eine kleine „Zündmaschine" erfolgen. In den Abendstunden werden Maschinengewehr-Stellungen mit dem hochwirksamen Modell MG 42 am Isar-Ostufer eingerichtet. Immer zwei Mann bedienen diese Schnellfeuerwaffe. Einer führt links den Patronengurt mit der 7,92-mm-Munition zu, der andere kann Ziele

Abbildung 61: Soldaten der Waffen-SS tragen meist "Flecktarnmuster" und unterscheiden sich so von der Wehrmacht. Umgehängt ein Maschinengewehr MG 42. Foto: BArch 146-1983-109-14A, CC-BY-SA 3.0

in bis zu 400 Meter Entfernung mit Feuerstößen bekämpfen. Allerdings braucht es einige Übung, um auch genau zu treffen. Zudem muss etwa alle 150 Schuss das heiße Rohr gewechselt werden, sonst kommt es zu „Ladehemmungen".

6. Mittwoch, 02.05.1945

Stark bewölkt, tagsüber 2 ° C, Neuschnee 10 – 20 cm

Die ganze Nacht über dringen die etwa 400 amerikanischen Soldaten des I. Bataillons langsam durch das Kurviertel bis hin zur Isar in Bad Tölz vor. Immer wieder kommt es zu Feuergefechten mit einzelnen SS-Trupps. Besonders hartnäckig verteidigt die SS das Ostufer der Isar in Höhe der Altstadt. Gegen 03:45 gelingt es zwei Kompanien, die Isar südlich davon zu überqueren und die „MG-Nester" der SS auszuschalten (blauer Pfeil). Dabei wird auch die Artillerie zur Unterstützung eingesetzt; deren Sprengkraft ist verheerend. Es fallen etwa 50 Granaten, das ist angesichts des Feindwiderstandes nicht viel.

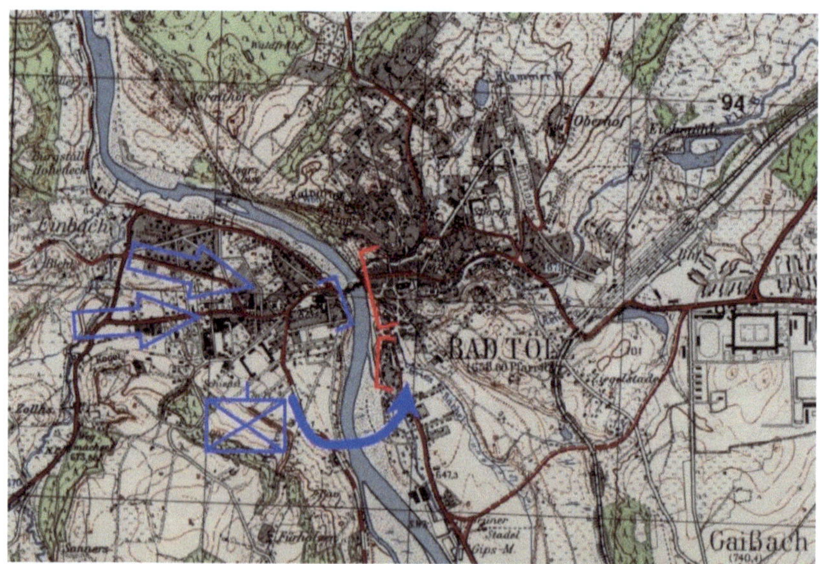

Abbildung 62: Blau: Ansatz der US-Kräfte. Im Schutze der Dunkelheit wird die Isar überquert (Pfeil). Rot: MG-Stellungen der Waffen-SS. Karte: Reichsamt für Luftaufnahme, Reproduktion Brigham Young University, eigene Bearbeitung.

Mehrere Gebäude in der Marktstraße werden getroffen. Im letzten Moment sprengen SS-Pioniere die Isarbrücke an der Altstadt – allerdings unvollständig, es entsteht nur eine etwa neun Meter breite Lücke, ein Teil der Fahrbahn steht noch. Warum das so war, konnte noch nicht endgültig geklärt werden. Indizien sprechen auch hier – ähnlich wie in Weilheim – für die mutige Tat einiger ortsansässiger Männer (aus kirchlichen Kreisen?), die in der Nacht die Zünddrähte durchschnitten

Abbildung 63: Bild 11120-32 Fotograf: Frey, Bad Tölz 1934, © Stadtarchiv Bad Tölz. Der vom Verfasser eingefügte Kreis zeigt in etwa den Sprengtrichter 1945.

und/oder die vorbereiteten Sprengöffnungen mit Sand verfüllten. Die SS-Pioniere waren in Eile und konnten deshalb nur eine kleine Ladung, etwa 5 bis 10 kg Sprengstoff, <u>auf</u> der Fahrbahn platzieren und nicht darunter, so dass das meiste nach oben verpuffte. Jedenfalls muss der Knall besonders laut gewesen sein; das deckt sich wiederum mit Berichten von Zeitzeugen.

Die Brücke stammt von einem damals sehr berühmten Architekten, der für Adolf Hitler zahlreiche bedeutende Aufträge, unter anderem am Obersalzberg in Berchtesgaden und in Linz ausführte: Roderich Fick, derzeit in Herrsching am Ammersee im Gut Mühlfeld wohnhaft:[64]

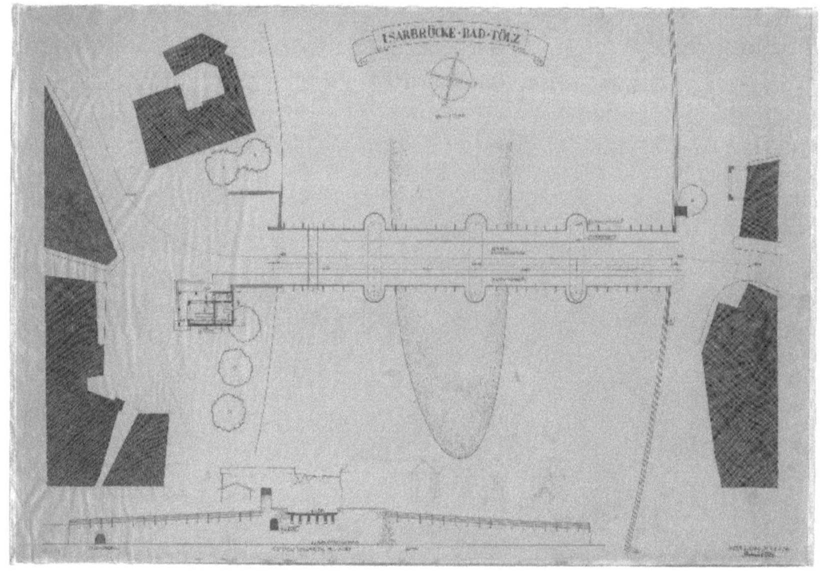

Abbildung 64: Isarbrücke in Bad Tölz. Errichtet von Roderich Fick 1934/35, repariert im Jahr 1950. Foto: 1101803 Technische Universität München, CC-BY-SA 3.0.

Die US-Soldaten können die Brücke noch zu Fuß nutzen und die Isar trockenen Fußes queren. Das I. Bataillon bittet um technische Unterstützung; noch vor Tagesanbruch beginnen amerikanische Pioniere, die Brücke zu reparieren, damit auch schwere Fahrzeuge sie befahren können. Schon gegen 05:30 Uhr rollt deshalb der erste Sherman-Panzer in die Marktstraße. Hinter Sperren am oberen Ende der Straße haben sich dort weitere SS-Männer verschanzt.

---

[64] siehe hier: https://mediatum.ub.tum.de/1101803 (aufgerufen am 13.04.2020)

Abbildung 65: Bild abn1-191, Sammlung Nadler 1938, ©Stadtarchiv Bad Tölz.
Man sieht rechts die Flaggen des örtlichen Parteibüros.

Immer wieder kommt es zu kurzen Kampfhandlungen; bei einigen greifen auch die Sherman-Panzer mit ihrer leistungsgesteigerten 76-mm-Kanone ein. Die SS-Soldaten ziehen sich langsam zurück; es kommt nur noch zu kleinen Feuergefechten.

Viele Wehrmachtssoldaten und einige wenige SS-Mitglieder ergeben sich im Laufe des Tages. Die Amerikaner zählen 20 Offiziere und 502 weitere Soldaten als Kriegsgefangene. Auch drei Frauen werden festgenommen.

Abbildung 66: Unter dem Wehrmachtsmantel versteckt die SS-Uniform (mit Fleck-Tarndruck). Am Kragenspiegel ein gestickter Totenkopf. Kriegsgefangene erhalten eine Karte, die Informationen über Ort und Zeitpunkt der Gefangennahme enthält. „Prisoner of war". Foto: Standbild aus: US-National Archives (NARA), Film ID: 111-ADC-3130, public domain.

Mehrere Gefangene berichten von einer „SS-Junker-Schule" am Stadtrand. Das war den angreifenden US-Soldaten bisher nicht bekannt, sie melden dies an die Divisionsführung. Am Abend ist die Stadt unter amerikanischer Kontrolle.

Es ist erstaunlich, wie wenig von ihrer reichlichen Feuerkraft die Amerikaner bei der Eroberung von Bad Tölz einsetzen; an Munition fehlt es nicht. Wie ist das zu erklären?

Schon Stunden zuvor haben sich Major General Dahlquist, der Kommandeur der US-Division, und Generalfeldmarschall v. Rundstedt lange und intensiv auf Deutsch unterhalten. Das Kriegstagebuch enthält leider nicht den genauen Inhalt des Gesprächs; der Kriegstagebuchführer beherrschte im Gegensatz zu Dahlquist höchstwahrscheinlich die Sprache nicht. Allerdings ändert der US-General in dieser Nacht seinen Operationsplan. Bad Tölz wird geschont, die Kräfte aufgeteilt, um möglichst schnell Richtung Tegernsee vorzustoßen. Von Rundstedt wusste ganz genau, wo die hochrangigen Nazis zu finden waren und vor allem war ihm sicher nicht entgangen, dass die SS sich aus Zeitmangel noch nicht richtig zur Verteidigung einer Stadt einrichten konnte. Je schneller der Angriff, desto weniger Blut musste fließen.

Warum wurde Bad Tölz nicht bombardiert? In einigen Veröffentlichungen ist von 60 Bombern die Rede, die schon auf dem Wege gewesen wären aber aufgrund des schlechten Wetters umdrehen mussten. [65]
Eine Bombardierung mit so vielen Flugzeugen aus großer Höhe ist aus zwei Gründen auszuschließen:
    1. Schon in der Stadt befindliche eigene Truppen würden durch nicht zu vermeidende ungenaue Abwürfe in Gefahr

---

[65] siehe u. a.: (Schnitzer, 2001), S. 157

geraten („friendly fire"); so handelt kein verantwortlicher Kommandeur.

2. Alle gestarteten größeren Einsätze der englischen und der hier zuständigen US-Bombereinheiten sind lückenlos dokumentiert. Zum Ziel „Bad Tölz" findet sich im fraglichen Zeitraum kein Eintrag.[66]

Bleibt nur die Option einer „low-level-attack" (kleiner Angriff) durch die dem US-General zur Verfügung stehende Jagdstaffel mit bis zu 16 Maschinen. Im Kriegstagebuch des hier eingesetzten Regiments findet sich die Lageinformation: „We have plenty of air support" (frei übersetzt: Wir haben genügend Luftunterstützung). Jedoch ist nach den vorliegenden Berichten des Regiments zu keiner Zeit ein größerer Einsatz von amerikanischen Jagdbombern gegen Ziele in Bad Tölz und Umgebung überliefert; allerdings gibt es mehrere Einsätze einzelner, tief fliegender Jagdbomber auf Stellungen der SS im Isartal mit Bombenabwurf.

Zum Vergleich: Eine knappe Woche zuvor hat am 25. April 1945 eine Bomberflotte mit 275 B-17 Bombern, begleitet von nur noch vier P-51D Jagdmaschinen, die Eisenbahnanlagen und militärische Einrichtungen in Berchtesgaden und Bad Reichenhall unter Feuer genommen. Die Gefahr, dabei eigene Soldaten zu treffen, bestand hier nicht.
Allerdings ist das Drohen mit Luftangriffen wahrscheinlich eine Kriegslist der Amerikaner. Überliefert ist so ein Vorgehen eines hohen US-Offiziers in Garmisch-Partenkirchen, um eine kampflose Übergabe der Ortschaft zu erreichen.

---

[66] siehe dazu: Combat Chronology der US-Army-Air-Force. https://media.defense.gov/2010/May/25/2001330283/-1/-1/0/AFD-100525-035.pdf (aufgerufen am 14.04.2020)

In der Nacht gab es Sturm und Schneefall, ungewöhnlich für diese Jahreszeit. Der US-Cadillac, der Generalfeldmarschall von Rundstedt nach dem Gespräch mit Major General Frank Milburn, dem Kommandeur des 21. US-Korps, zurück zur Unterkunft bringen soll, ist schneebedeckt.

Abbildung 67: Generalfeldmarschall von Rundstedt (am Hauseingang mit Mütze) verlässt das Gebäude der NS-Kreisleitung in Weilheim (heute ist in diesem Gebäude das Landratsamt Weilheim-Schongau untergebracht) auf der Hofseite. Hier war am 02. Mai 1945 der Gefechtsstand des 21. US-Korps. Foto: Standbild aus Film US-National Archives (NARA), Film ID: 111-adc-4196, public domain.

Die Unterhaltung mit Major General Milburn (diesmal mit Übersetzer) dauert geraume Zeit und hat Folgen für die weitere Operationsführung der US-Truppen: Die 12. US-Panzerdivision wird aus dem Murnauer Land abgezogen. Sie wird im Eilmarsch über München, die Salzburger Autobahn und Rosenheim ins Inntal beordert, um die 17. Waffen-SS-Division in die Zange zu nehmen und ihr den Rückweg in den östlichen Alpenraum abzuschneiden.

Abbildung 69: Am Morgen des 2. Mai 1945 geht ein US-Soldat an verschneiten M4-Sherman-Panzern vorbei zur Küche des Hauptquartiers („Head Quarter" HQ) des Divisionstabes der 12. Panzerdivision in Murnau. Foto: 12th Armored Division Museum, Abilene, Texas, USA, public domain.

Abbildung 68: Generalfeldmarschall von Rundstedt, links, im Gespräch mit Major General Frank Milburn am 02. Mai 1945. Foto: SZ-h-0196-1588.

Das II. Bataillon sichert während des Tages das Vorgehen des I. Bataillons ab und schickt mehrere mit leichten Panzern verstärkte Aufklärungstrupps los. Eine Aufklärungsteileinheit der Division (etwa 20 Soldaten) dringt dabei links der Isar bis Wackersberg vor und gerät gegen 11:00 Uhr in deutsches Artilleriefeuer durch 75-mm-Geschütze.

Abbildung 70: Ein zeitgenössisches Bild zu den Ereignissen in Wackersberg existiert nicht. Allerdings zeigt Foto BArch, 101I-024-3543-09 genau so ein 75-mm-Geschütz im Einsatz. Links der Beobachter, nicht „vorgeschoben", sondern am Geschütz. Rechts die vier Mann der Geschützbesatzung; der Soldat ganz rechts trägt ein Geschoss.

Ein Radpanzer wird dadurch zerstört, der Panzerkommandant ist sofort tot. Zum Glück für die Amerikaner fährt auch mit diesem Spähtrupp ein Artillerie-Beobachtungsoffizier mit. Er fordert per Funk dringend Unterstützung an; nur Minuten später liegt das Feuer der eigenen Geschütze (105-mm) auf den deutschen Stellungen. Unter Feuerschutz weicht der Spähtrupp aus. Erst am späten Nachmittag kommen die US-Soldaten langsam zu Fuß weiter voran und sichern sich für die Nacht am Ortsrand von Wackersberg selbst.

Abbildung 72: Eines der 105-mm-Geschütze des Regiments, das im Steilfeuer das vom Beobachter angegebene Ziel mit maximal 10 Schuss pro Minute bekämpft. Im Vordergrund zahlreiche verschossene Hülsen Standbild aus Film US-National Archives (NARA), Film ID: 111-adc-2718, public domain.

Abbildung 71: Die Hülsen werden vorher mit unterschiedlich starken Treibladungen versehen, die in weißen Säckchen bereit liegen. Dann wird der Gefechtskopf („shell" mit Sprengstoff „TNT") aufgesetzt und die Patrone zusammengefügt. Standbild aus Film US-National Archives (NARA), Film ID: 111-adc-2718, public domain.

Ein Spähtrupp des I. Bataillons klärt rechts der Isar nach Süden auf (blauer Pfeil) und wird um 14:00 Uhr am südlichen Ortsausgang von Bad Tölz von Maschinengewehrfeuer aus einem kleinen Wäldchen bei Gaißach überrascht (rote Stellung). Die zwanzig Mann gehen in Deckung und fordern Verstärkung an.

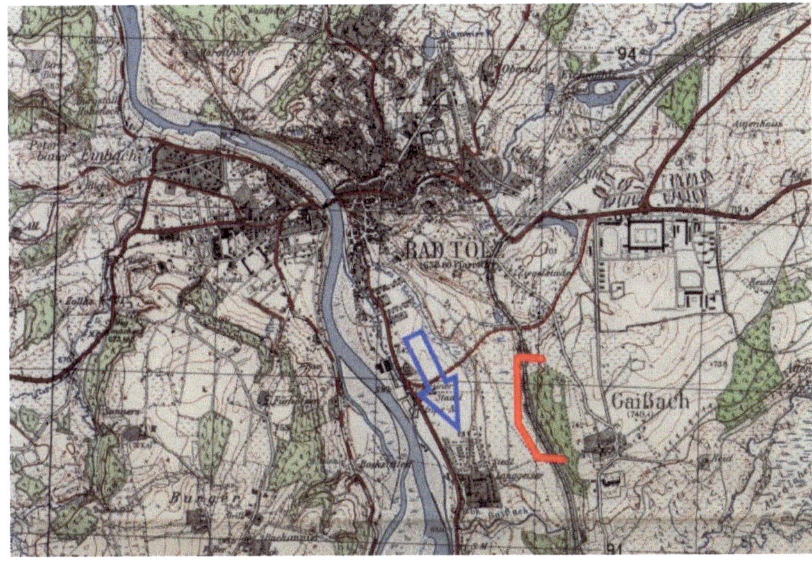

Abbildung 73: Karte: Reichsamt für Luftaufnahme, Reproduktion Brigham Young University, eigene Bearbeitung.

Daraufhin setzt das Regiment gegen 16:00 Uhr eine ganze Infanteriekompanie (C-Kompanie; ca. 130 Mann) unter dem Kommando von Captain Joseph P. Kimble ein und greift, verstärkt mit 4 „leichten" Panzern, die mit ihren 40-mm-Kanonen in Richtung der MG-Nester feuern, die deutschen Stellungen am Bahndamm und in dem Wäldchen in Höhe von Gaißach an.

Mit dabei sind hier sogar zwei „vorgeschobene Beobachter" der Artillerie, die das Feuer der 155-mm- und 105-mm-Geschütze in

12 km Entfernung präzise lenken. Es werden nur wenige „Probeschüsse" benötigt, schnell ist die Artillerie im Ziel.

Die Amerikaner gehen „abgesessen" vor. Zunächst bleiben sie in Deckung, bilden dabei aber eine Reihe mit großen Abständen und halten ihre Gewehre feuerbereit. Auf ein Zeichen des Zugführers eröffnen die Begleitpanzer das Feuer in Feindrichtung. Unter diesem Feuerschutz überwinden sie in schnellem Lauf einen kurzen Geländeabschnitt, werfen sich flach auf den Boden und beobachten die Reaktion des Feindes. Eröffnet dieser das Feuer, z. B. mit Maschinengewehren aus einer befestigten Stellung heraus, hat er seine Position verraten und wird mit den Panzerkanonen weiter bekämpft. Führt das nicht zum Erfolg, greifen die Artilleriebeobachter ein und legen minutenlanges Granatfeuer auf den Feind. Die Angreifer nutzen den Feuerschutz für ein langsames weiteres Vorgehen.

Abbildung 74: Ein US-Artilleriebeobachter. Auf dem Metallring, Lafette genannt, ein schnell schwenkbares „schweres" Maschinengewehr cal 0.50 (12,7 mm). Standbild aus Film US-National Archives (NARA), Film ID: 111-adc-3871, public domain.

Diese hier erfolgreich erprobte Art der Kriegsführung wird später als „Gefecht der verbundenen Waffen" Grundlage der amerikanischen Taktikausbildung.

Im Gegensatz dazu ist das absolut starre Festhalten der SS an einer „Hauptkampflinie" ohne Unterstützung von schweren Waffen praktisch Mord an den eigenen Soldaten. Das hat schon im ersten Weltkrieg nicht funktioniert und führt auch hier zu hohen Verlusten. Vielen der jungen Rekruten kostet die militärische Unfähigkeit ihrer Vorgesetzten unnötig das Leben.

Abbildung 75: Ein Soldat der Waffen-SS mit Standardgewehr "98K". Standbild aus Film US-National Archives (NARA), Film ID: 111-adc-9636, public domain.

Nach kurzem, aber heftigem Gefecht brechen die Amerikaner deshalb durch und dringen in den nächsten vier Stunden langsam bis Puchen vor. Allerdings geraten durch die Leuchtspurmunition der amerikanischen schweren Maschinengewehre (Kaliber 12,7 mm) und der 40-mm-Kanonen mehrere Bauernhöfe in Brand, denn gerade da verschanzen sich SS-Männer.

Vor Puchen stoppt dann massives deutsches Artillerie- und Mörserfeuer den US-Angriff.

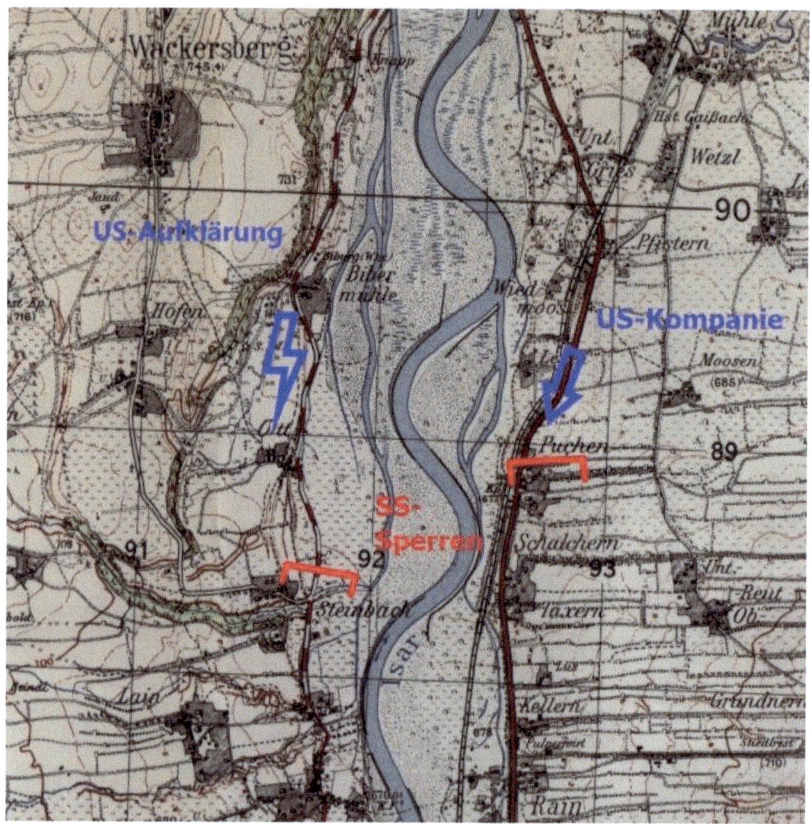

Abbildung 76: Karte Reichsamt für Luftaufnahme, Reproduktion Brigham Young University, eigene Bearbeitung.

Oberführer Bochmann hat beim Verlassen von Bad Tölz eine aus München ausweichende SS-Flak-Batterie unter sein Kommando gestellt und damit die im Isartal kämpfenden Soldaten verstärkt.

Mit „einfangen" konnte er auch noch zwei von Pferden gezogene 75-mm-Geschütze (siehe Abb. 70). Diese sind das Haupthindernis für den weiteren Vormarsch der US-Soldaten, das Feuer der bei Steinbach positionierten Steilfeuerwaffen wirkt. Von dort aus greifen auch mehrere „Mörser" der SS in den Kampf ein. Deren Feuer ist meist nicht sehr präzise aber heftig. Geübte Trupps schaffen bis zu 20 Schuss pro Minute. Noch heute kann man vor Puchen viele der etwa zwei bis drei Meter durchmessenden Senken im Gelände finden, das sind die Einschläge der Mörsergranaten.

Abbildung 77: Zwei deutsche Soldaten mit einem „Kurz-Granatwerfer 42". Die 3,5 kg schweren, 8 cm durchmessenden Granaten lässt man geschützt in einer Stellung in das Rohr fallen. Gezündet durch Aufschlag am unteren Rohrende fliegen sie je nach Einstellung mehrere hundert Meter weit. In die Holzkiste rechts passen drei Granaten. Standbild aus US-National Archives (NARA), Film ID: 111-adc-10281, public domain.

Auch die Amerikaner verfügen über dieses Waffensystem, setzen es aber hier wenig ein. Die großen Geschütze treffen genauer.

Das nächste Bild zeigt ein amerikanisches Mörser-Modell mit 4,2 inch (Zoll), das entspricht 106 Millimeter Geschossdurchmesser. Es ist dem deutschen Mörser von Rheinmetall sehr ähnlich. Ein schräg gestelltes Stahlrohr, in das man von oben die Granate fallen lässt. Durch den Aufschlag am Boden des Rohres zündet sie und fliegt mit gut einem Kilogramm Sprengstoff im Stahlmantel bis zu 4,5 Kilometer weit.

Abbildung 78: US-Soldaten mit einem 4,2 inch mortar ("Mörser"). An der Hauswand ein Stapel Granaten. Foto: US Army Archive, public domain.

Am nördlichen Ortsrand von Puchen haben sich deutsche Soldaten provisorisch eine Stellung gebaut, die sie hartnäckig verteidigen. Auf der Straße nach Lenggries ist mit rasch gefällten Baumstämmen zusätzlich eine Sperre errichtet. Mit einer 20-mm-Kanone und mehreren Maschinengewehren MG 42 feuern die SS-Soldaten auf die Amerikaner. Dazu kommt auch auf deutscher Seite ein Artillerie-Beobachter, der auf einer kleinen Anhöhe weiter im Süden steht, und das Feuer der beiden deutschen 75-mm-Geschütze mit Funkverbindung lenkt.

Die US-Soldaten brechen deshalb ihren Angriff ab, sichern ihre Position und erkunden eine Umgehung. Vor Puchen fallen mehrere Amerikaner. Dazu gibt es Zeitzeugenberichte der ortsansässigen Bevölkerung. Ein Panzerkommandant wird tödlich getroffen, als er die Luke öffnet und sich umsieht. Ein US-Soldat stirbt am Bahndamm; sein Trupp wollte wohl eine Umgehung der Sperre erkunden. Ohne Verstärkung kommen die Amerikaner nicht weiter, sie sind in der Unterzahl. Außerdem haben die SS-Soldaten diesmal Unterstützung durch eigene Artillerie, das weitere Vorgehen wäre deshalb lebensgefährlich.

Abbildung 79: Deutsche Zivilisten helfen den US-Soldaten bei der Orientierung - und riskieren dabei ihr Leben. Die SS macht in solchen Fällen kurzen Prozess. Standbild aus US-National Archives (NARA), Film ID: 111-adc-2718, public domain.

Laut Kriegstagebuch unterstützen mehrere deutsche Zivilisten die ortsunkundigen amerikanischen Soldaten bei der Aufklärung der SS-Truppenbewegungen und Kampfstellungen. Mit Sicherheit werden dadurch Soldatenleben gerettet, jedoch riskieren die mutigen Zivilisten nicht nur Haus und Hof sondern auch ihr Leben. Selbst das Hissen einer weißen Flagge wird durch die SS grausam geahndet, wie der weiter oben abgedruckte Befehl des „Oberbefehlshabers West" beweist (Seite 84).

Die Amerikaner revanchieren sich für die Hilfe der Zivilisten. Sie leiten in mehreren Fällen für verwundete Frauen und Kinder eine medizinische Versorgung ein. Gefangen genommenen deutschen Soldaten leistet man Erste Hilfe, so gut es während eines Gefechtes eben geht. Besonders bemerkenswert: In einem Fall stoppen Amerikaner ihr Fahrzeug und weisen die Bewohner eines Bauernhofes auf den brennenden Dachstuhl hin; das Feuer blieb bis dahin von den Bewohnern unbemerkt. Somit konnte zumindest das Vieh, sowie Hab und Gut gerettet werden.[67]

Die deutsche Version der Ereignisse sieht laut dem Kriegstagebuch der 17. Waffen-SS-Division so aus:

„17:00 Uhr griff der Feind die eigene Hauptkampflinie südlich Bad Tölz mit etwa 6 Panzern und einem Bataillon Infanterie (Anmerkung des Autors: Das wären etwa 500 Mann) an und wird durch das zusammengefasste Feuer aller Waffen blutig abgeschlagen. 30 Feindtote werden allein vor Puchen gezählt. Die eigene Hauptkampflinie bleibt fest in eigener Hand."

Die eigene Leistung und die Erfolge werden größer dargestellt, als sie sind. Die selbst gemachten Fehler und Verluste bleiben unerwähnt. Eine in Diktaturen übliche Praxis.

---

[67] vgl. dazu: https://www.merkur.de/lokales/bad-toelz/gaissach-ort28705/letzten-kriegstage-in-gaissach-200-interessierte-bei-vortrag-12238425.html (aufgerufen am 23.05.2019)

7. Donnerstag, 03.05.1945

Bewölkt, tagsüber 3 ° C, leichter Nachtfrost

Das 141. Infanterieregiment erhält in der Nacht vom Divisionskommandeur, General Dahlquist, den Befehl, den deutschen Widerstand an der Isar zu brechen und mit zwei Bataillonen schnell weiter Richtung Tegernsee vorzustoßen. In Gmund und Hausham werden starke SS-Kräfte vermutet. Die Amerikaner wissen jetzt von Nazi-Größen in der Gegend. Die langen Gespräche mit Generalfeldmarschall von Rundstedt haben wohl nicht nur Bad Tölz vor Schlimmerem bewahrt. Sie helfen auch, den Krieg möglichst rasch zu beenden und Nazi-Größen zu verhaften.

Colonel Owens entschließt sich deshalb, den Angriff mit seiner Reserve, dem in Penzberg wartenden III: Bataillon, fortzusetzen. Diese Einheit ist ausgeruht, voll aufmunitioniert und brennt auf einen Einsatz gegen die verhassten Nazis. Er will das vor Puchen festsitzende I. Bataillon herauslösen und zusammen mit dem II. Bataillon Richtung Tegernsee in Marsch setzen.

Das III. Bataillon erhält dazu schon am Abend des 2. Mai einen klaren Befehl und stellt sich darauf ein, am nächsten Morgen über das vor Puchen liegende I. Bataillon hinweg anzugreifen. Eine militärisch anspruchsvolle Variante. Sie zeigt, wie erfahren und gut ausgebildet die amerikanischen Soldaten sind.
Die Artillerie soll bevorzugt im Isartal unterstützen. Dazu verlegen die schweren selbstfahrenden Geschütze nun von Bad Heilbrunn kommend in neue Stellungen am südlichen Ortsrand von Bad Tölz.

Um 08:00 Uhr startet der amerikanische Angriff auf die bei Puchen liegenden deutschen Einheiten mit zwei Kompanien des III. Bataillons (blau eingezeichnet).

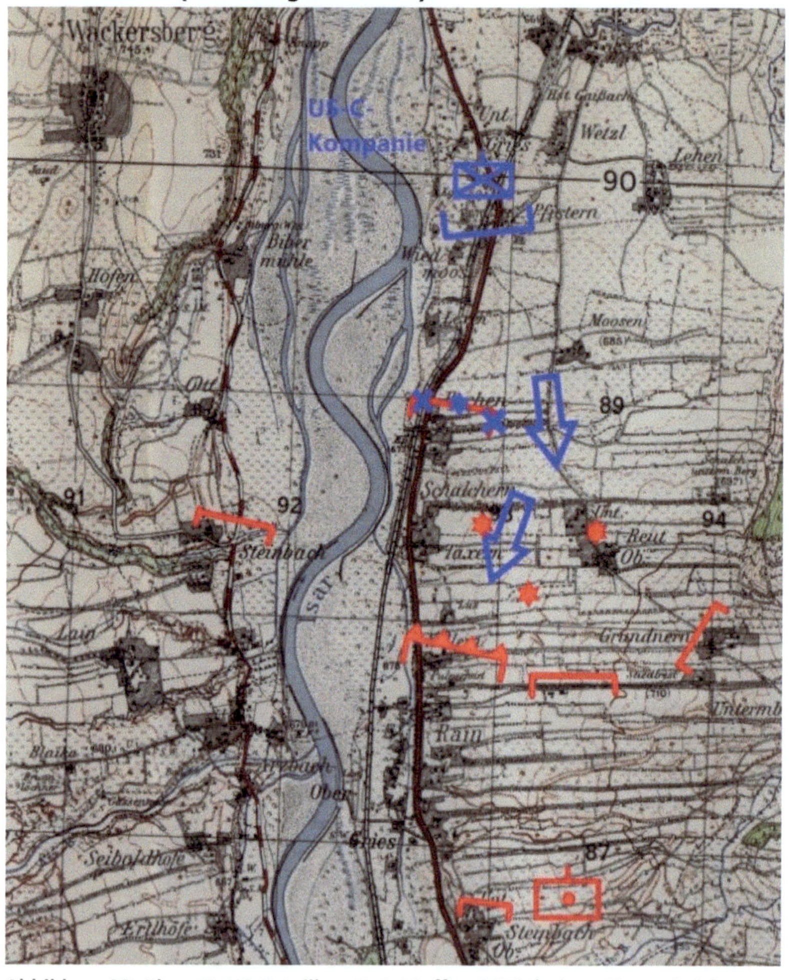

Abbildung 80: Blau: III. US-Bataillon. Rot: Waffen-SS Einheiten. Karte: Reichsamt für Luftaufnahme, Reproduktion Brigham Young University, eigene Bearbeitung.

Eine Kompanie mit 132 Soldaten unter dem Kommando des jungen Oberleutnants Darrell W. Mathews umgeht den kleinen

Ort geschickt im Nordosten und greift mit einem Panzerzug (vier Sherman-Panzern) und Artillerieunterstützung an. Das bedeutet, es gibt für die zu Fuß angreifenden US-Soldaten immer wieder kurze Gefechtspausen, bis die Artillerie ihr Feuer einstellt. Diese nutzt man, um schnell gemeinsam eine Zigarette zu rauchen – keiner weiß, ob es nicht die letzte ist. Ein Angriff zu Fuß gegen die SS ist trotz besserer Bewaffnung kein leichtes Unterfangen.

Abbildung 81: Drei Infanteristen in einer kurzen Gefechtspause. Zeit für ein Foto und eine Zigarette. Standbild aus US-National Archives (NARA), Film ID: 111-adc-9671, public domain.

Kurz zuvor haben zwei Jagdbomber aus der Begleitstaffel ihr Maschinengewehrfeuer auf deutsche Fahrzeuge hinter der Sperre gelenkt; eine willkommene Unterstützung.

Ein ganzes SS-Bataillon ist hier im Einsatz, sie haben ihren Schwerpunkt beim Weiler Kellern (Abb. 80: rot eingezeichnete Stellung mit „Zacken"), sind dort verschanzt und verteidigen hartnäckig. Bei Steinbach (Abb. 80: unten, rot) sind die zwei 75-mm-Geschütze sowie mehrere Mörser in Feuerstellung und unterstützen die Soldaten an der Front. (Abb. 80: SS-Artilleriefeuer mit roten Sternen gekennzeichnet.) Den ganzen Tag über tobt der Kampf. Um etwa 15:00 Uhr haben die an Feuerkraft überlegenen amerikanischen Soldaten des III. Bataillons schließlich Kellern eingenommen. Leider geraten dabei immer wieder Bauernhöfe in Brand. Von weitem kann man an den Rauchsäulen den Vormarsch erkennen. Es lässt sich nicht mehr klären, ob die Geschütze der SS oder die der Amerikaner dafür verantwortlich waren.

Erst am Abend erreichen die US-Infanteristen am Ostufer der Isar Lenggries. Es gelingt ihnen, in der Dämmerung die dortige Isarbrücke unversehrt in Besitz zu nehmen. Auch hier gibt es laut US-Kriegstagebuch wieder eine hilfreiche „civilian info", d. h. ein ortskundiger Zivilist zeigt den Amerikanern den günstigsten Weg zur Brücke. Gegen 20:30 Uhr ist die Gemeinde schließlich in amerikanischer Hand, bis dahin kommt es immer wieder zu einzelnen kurzen Feuergefechten, mehrere Gebäude sind beschädigt, einige brennen. Sogar das Kirchengewölbe ist leicht durchschlagen. Viele Einwohner haben in diesen Stunden den Ort verlassen und sind in die Berge geflüchtet, deshalb kam es wenigstens nicht zu vielen zivilen Opfern. Allerdings sind etwa 20 deutsche Soldaten bei den Kämpfen im Ort gefallen.[68]

Die SS weicht aus und richtet sich in der Nacht bei Hohenburg am Hirschbach zur weiteren Verteidigung ein. Es sind immer noch mindestens 200 SS-Soldaten einsatzfähig; sie haben die meisten ihrer kleinen und mittleren Geschütze noch zur Verfügung. Direkt an der Hirschbachbrücke wird eine Feuerstellung ausgehoben und befestigt.

Für die US-Soldaten ist das Vorgehen links der Isar einfacher. Verstärkt durch eine Kompanie des III. Bataillons kommen die Spähtrupps der Aufklärungseinheit bei leichtem Feindwiderstand schnell bis zum Ort Gilgenhöfe. Dabei werden immer mehr deutsche Soldaten gefangen genommen. Einige dieser Soldaten und nicht näher bezeichnete „Zivilpersonen" zeigen den US-

---

[68] siehe dazu: (Wiedemann, 1955), S. 45

Trupps den Weg. Sie beschreiben sogar die Positionen der SS-Artilleriebeobachter. Ein großer Vorteil für die Amerikaner, sie stürmen die Stellung. Die fanatischen SS-Soldaten ergeben sich nicht, sie kämpfen buchstäblich bis zur letzten Patrone. Deshalb gibt es keine Gefangenen. Die US-Amerikaner verstehen das

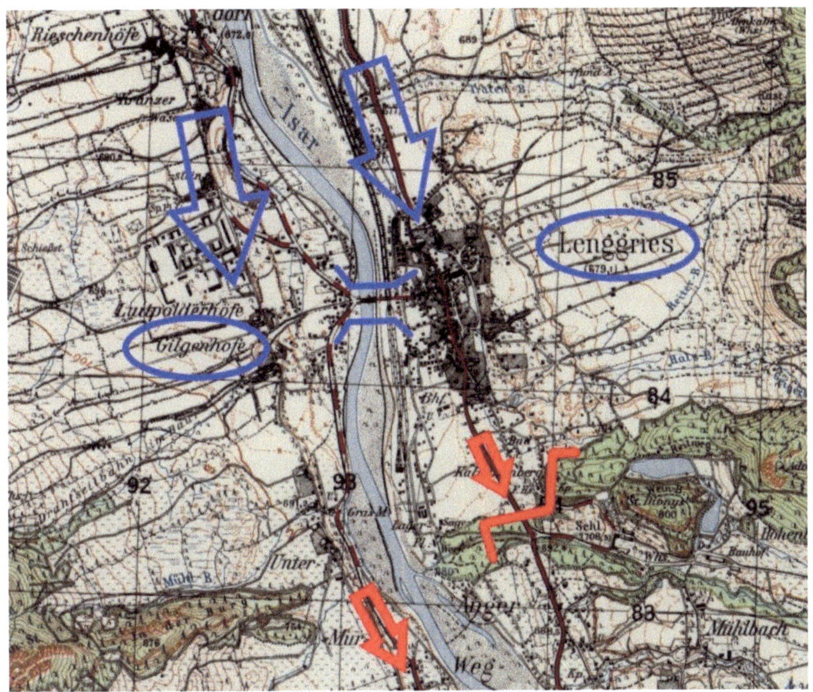

Abbildung 82: Blau: Die Orte Lenggries und Gilgenhöfe in US-amerikanischer Hand, die Isarbrücke ebenfalls. Rot: Neue SS-Stellung am Hirschbach und Ausweichbewegung nach Süden. Karte: Reichsamt für Luftaufnahme, Reproduktion Brigham Young University, eigene Bearbeitung.

nicht. Immer wieder berichtet der Kriegstagebuchführer von unerklärlichem, „stiff- necked" (hartnäckigen) Widerstand.
Der wichtigste Hinweisgeber stammt aus Lenggries, es ist der dortige Polizeikommandant Paul Mayer. Der von ihm eingesetzte Bote, ein Leutnant der 212. Volksgrenadierdivision übermittelt

präzise die Positionsdaten der SS-Geschütze und Stellungen. Im Rahmen einer Facharbeit von Studierenden der Polizeihochschule Fürstenfeldbruck wurde bereits Paul Mayer als Hinweisgeber ermittelt. Er war nicht nur hier heldenhaft tätig, mehrere kanadische Kriegsgefangene verdanken ihm ihr Leben genauso wie eine jüdische Ärztin, die er in der Polizeistation vor der Gestapo versteckte.[69] Die Angaben aus dieser Facharbeit passen genau zur Schilderung im amerikanischen Kriegstagebuch.

Am späten Abend steht das III. Bataillon mit rund 500 Mann links und rechts der Isar in Höhe Lenggries (siehe Abb. 82). In der dortigen Kaserne sollen sich nach Informationen der US-Division hochrangige Offiziere aufhalten. Die gilt es gefangen zu nehmen. Außerdem werden dort moderne Raketenwaffen vermutet. Im Kriegstagebuch ist nur von Vermutungen die Rede, eine erfolgreiche Suche ist nicht dokumentiert. Das Bataillon bleibt die Nacht vor Ort; endlich ist Zeit für eine warme Mahlzeit.

Abbildung 83: US-Soldaten beim "Essen fassen". Warme Mahlzeiten in Frontnähe sind selten. Standbild aus US-Archives (NARA), Film ID: 111-adc-9671, public domain.

---

[69] siehe dazu die Facharbeit von Otto Meißner, Thomas Keller, Florian Zeisberger, Andreas Westermayer und Peter Wollein an der Fachhochschule der bayrischen Polizei in Fürstenfeldbruck:
https://www.kreisbote.de/lokales/fuerstenfeldbruck/polizei-nationalsozialismus-studienarbeit-fachbereichs-polizei-fachhochschule-2571750.html
(aufgerufen am 23.05.2019)

Das II. Bataillon wird von der Front abgezogen und macht sich zusammen mit dem I. Bataillon in Bad Tölz bereit für den Vormarsch Richtung Tegernsee. Die beiden anderen Regimenter der 36. US-Division haben inzwischen Penzberg erreicht und können zur Verstärkung herangezogen werden.

Durch Bad Tölz fahren jetzt auch Soldaten der 2. Französischen Armee. Immer wieder lässt sich in den Aufzeichnungen erkennen, wie wenig hilfreich diese für die amerikanischen Operationen sind. Doch die Franzosen „stören" nicht lange, sie sind auf dem Weg nach Berchtesgaden, um als erste den „Berghof" einzunehmen, die berühmte Residenz Adolf Hitlers.

Gegen 17:45 teilt der kommandierende General der Deutschen (Generalleutnant Hahm) seinen Untergebenen mit, dass in Italien die deutsche Armee kapituliert habe. „Kommt für uns nicht in Frage! Es wird weitergekämpft!" So geschieht es auch. Das Waffen-SS-Panzergrenadierregiment 37 blockiert weiterhin Straßen, kämpft mit dem letzten Sturmgeschütz, Mörsern, Maschinenkanonen (20 mm) und Maschinengewehren (MG 42) gegen die Amerikaner.

Die dem Generalmajor von Buddenbrock unterstellten Kräfte werden jetzt im Befehl nicht mehr „212. Volksgrenadierdivision", sondern nur noch „Kampfgruppe" genannt; es sind wohl nur noch einige hundert Mann übrig. Die Kampfgruppe soll über den Achensee Kufstein erreichen und nördlich davon das Inntal sperren. Damit wird klar, dass den deutschen Kommandeuren der Überblick über die aktuelle Lage verloren gegangen ist. Denn inzwischen ist das 409. Regiment der US-amerikanischen 103. Infanteriedivision kampflos in Innsbruck einmarschiert. Die Nazis dort haben die Flucht ergriffen. Das war nicht einfach. Die dortige Widerstandsgruppe hatte einige Mühe, die Stadt von ihnen zu befreien. Gauleiter Hofer ist abgesetzt. Wilfried Beimrohr schreibt dazu 2005 in seinem Bericht „Das Kriegsende in Tirol":[70]

„Der Jubel war ungeheuer. Männer, Frauen und Kinder schrie(e)n den einmarschierenden Truppen Begrüßungsworte zu und streuten ihnen Blumen. Den Soldaten wurden Cognac- und Weinflaschen angeboten. Hübsche Mädchen kletterten auf Panzer und Jeeps, um die Soldaten zu küssen. Österreichische Fahnen wehten überall in der Stadt. Man sah keine weißen Fahnen. Die Menschen schienen den Einmarsch der US-Truppen als Befreiung zu betrachten."

Das Gefecht der SS hat spätestens jetzt seinen Sinn verloren. Aber die Nazis kämpfen unverdrossen weiter. Es hat den Anschein, als wüssten sie selber nicht, wo sich genau die geheimnisvolle „Alpenfestung" befindet, die es zu erreichen gilt.

---

[70] siehe dazu: https://www.tirol.gv.at/fileadmin/themen/kunst-kultur/landesarchiv/downloads/kriegsende1945.PDF Seite 5 (aufgerufen am 15.04.2020)

8. Freitag, 04.05.1945

Leicht Bewölkt, tagsüber 5 ° C

Das I. US-Bataillon geht an diesem Tag frühmorgens, verstärkt mit zehn Sherman-Panzern, Richtung Tegernsee vor. Schon am Tag zuvor hat ein Spähtrupp den Weg erkundet und dabei quasi nebenbei einen Todesmarsch von etwa 1000 KZ-Häftlingen beendet, denn die SS-Bewacher fliehen vor ihnen.
Das II. Bataillon folgt in einigem Abstand. Es sind nicht genug Fahrzeuge vorhanden; viele Soldaten des II. Bataillons gehen deshalb zu Fuß. Gegen 14:00 Uhr passiert das I. Bataillon Waakirchen, südlich des Ortes kommt es dabei immer wieder zu kurzen und heftigen Gefechten mit einzelnen Truppenteilen der SS. Obersturmbannführer Fick setzt dabei auch die gefürchtete 8,8-cm-Kanone gegen die amerikanischen Panzer ein. Es gibt Tote und Verwundete auf beiden Seiten.

Abbildung 84: Eine 8,8-cm-Kanone im Einsatz. Rechts beim Schuss, links kurz davor. Beim Abfeuern gibt es einen starken Rückstoß, den der oben angebrachte, mit Öl gefüllte Zylinder, die „Rohrbremse" auffangen muss. Rechts sieht man an Hand der weit ausgezogenen Kolbenstange der Rohrbremse den großen Rohrrücklauf. Foto: Standbild US-National Archives (NARA), Film ID: 111-adc-4792, public domain.

Eine französische „Task Force" mit leichter Bewaffnung kommt ebenfalls durch Waakirchen und gibt Lageinformationen an die Amerikaner weiter. Die Franzosen wollen schnell weiter, ihr Ziel ist ja Berchtesgaden.

Erst um 16:00 erreichen die ersten Soldaten des US-Bataillons den Nordrand des Tegernsees bei Gmund. Im Kriegstagebuch steht, eine deutsche Krankenschwester und ein deutscher Arzt informieren die Amerikaner über die Vielzahl der Verwundeten (etwa 4.000) in mehreren Lazaretten in den Ortschaften am See. Die beiden Deutschen berichten laut US-Quelle außerdem, dass sich die SS-Soldaten nach Süden absetzen.

Abbildung 85: Ein umgestürzter Lastwagen der 17. Waffen-SS-Division (Tarndruck-Lackierung) auf der Straße von Bad Tölz nach Miesbach. Sofort eilen Anwohner herbei, um die Ladung zu "bergen". Der Luftdruck einer explodierenden Artillerie-Granate könnte einen LKW umwerfen. Standbild aus US-National Archives (NARA,) Film ID: 111-adc-4458, public domain.

Tatsächlich ziehen sich die SS-Einheiten auf Befehl von Oberführer Bochmann bis Kreuth zurück. Er weist seine SS-Soldaten an, die Orte Bad Wiessee, Tegernsee und Rottach nun als „Lazarettstädte" (also frei von SS-Truppen) zu achten.

Allerdings rechnen die Amerikaner auch mit SS-Soldaten in ziviler Kleidung, die sich damit der Kriegsgefangenschaft entziehen wollen; sie sind sehr vorsichtig. Es werden „nur" 375 neue Gefangene gemacht. Einer davon ist Reichsführer Max Amann, der in seinem Luxus-Anwesen bei Tegernsee verhaftet wird.

Abbildung 86: Max Amann in der schwarzen Vorkriegsuniform eines SS-Gruppenführers (entspricht dem Dienstgrad Generalmajor), später Obergruppenführer. Er war Hitlers Finanzberater und verwaltete sein Vermögen. Foto: BArch Bild 119-2186, Lizenz CC BY-SA 3.0

US-Aufklärungstrupps erkennen die Absetzbewegung der Deutschen und melden das an die Division. General Dahlquist startet daraufhin einen letzten Jagdbomberangriff („low-level-attack") auf eine Ansammlung von SS-Fahrzeugen im Raum Kreuth.

Das II. Bataillon, das inzwischen aufgeholt hat, rückt weiter Richtung Schliersee vor; es zeigt sich nur vereinzelt Widerstand, die US-Panzer müssen nur selten eingreifen. Viele Soldaten der Wehrmacht ergeben sich beim Anblick der US-Soldaten. Am Schoberhof bei Schliersee nehmen sie einen weiteren prominenten Nazi gefangen: Reichsminister Hans Frank, oberster Jurist und Generalgouverneur von Polen, mitverantwortlich für Hunderttausende Morde an Polen und Deportationen zur Zwangsarbeit.

Abbildung 87: Hans Frank, Minister des Reiches, Generalgouverneur, der „Schlächter von Polen". Am Revers das goldene Parteiabzeichen der NSDAP. Im Kriegsverbrecherprozess 1946 zum Tode verurteilt und hingerichtet. Bild BArch: 146-1989-011-13, Lizenz CC-BY-SA 3.0.

Inzwischen kämpft sich das III. Bataillon aus Lenggries heraus nach Süden vor. Fanatisch verteidigen die SS-Soldaten die kleine Brücke am Hirschbach bei Hohenburg – mit Flugabwehrkanonen, dem wohl letzten Artilleriegeschütz, und Handfeuerwaffen. Gegen die gut ausgerüsteten amerikanischen Soldaten letztlich chancenlos. Allerdings dauert es bis zum frühen Nachmittag, bis die vordersten Truppenteile des US-Bataillons den Eingang zur Jachenau unter Kontrolle haben. Am Abend sichern sich die Amerikaner in Fleck und planen das weitere Vorgehen erst für den nächsten Tag.

Mehr als 100 deutsche Fahrzeuge setzten sich in den Bereich Vorder- und Hinterriss ab. Die letzten einsatzfähigen Einheiten des SS-Panzergrenadierregiments 37 ziehen Richtung Achensee und bilden dort erneut einen Sperr-Riegel bei Jenbach – diesmal in beide Richtungen, denn amerikanische Einheiten könnten auch aus dem Inntal nach Norden vorstoßen.

Nach amerikanischen Informationen hält sich Generalfeldmarschall Kesselring in der Nähe auf, zuletzt wurde er in Wiessee gesehen. Er lässt die Amerikaner wissen, dass er für den nächsten Tag eine bedingungslose Kapitulation seiner Heeresgruppe G plant. Tatsächlich blockiert er die Verhandlungen mit dem Argument, er müsse dazu erst eine Genehmigung des neuen Reichspräsidenten einholen. Hitler hatte per Testament Großadmiral Karl Dönitz zu seinem Nachfolger in diesem Amt bestimmt; der Admiral befindet sich im hohen Norden, in Flensburg. Als er von der Anfrage erfährt, erteilt er sofort die Genehmigung.

Abbildung 88: Großadmiral Karl Dönitz und Adolf Hitler bei einer Besprechung 1945 im Führerbunker. Foto: BArch Bild 183-V00538-3, Lizenz CC-BY-SA 3.0.

Inzwischen ergreift der Kommandeur der wieder aktivierten Heeresgruppe G, General Friedrich Schulz, selbst die Initiative. Er kapituliert mit allen ihm unterstellten Kräften und beauftragt General Friedrich Foertsch in seinem Namen in Baldham bei München, im Atelier des von Hitler verehrten Malers Thorak, die Kapitulationsurkunde zu unterzeichnen.

Es dauert noch bis zum Abend des 05. Mai 1945, bis die Nachricht die kämpfende Truppe erreicht. Einzelne SS-Trupps kämpfen trotzdem weiter. Die 17. Waffen-SS-Division sammelt sich bei Kreuth und Glashütte. Waffen und Munition übernehmen die Sieger.

Abbildung 89: Eine LKW-Ladung Waffen und kistenweise Munition. Bei Kriegsende werden größere Mengen sichergestellt. Standbild aus US-National Archives (NARA), Film ID: 111-adc-4370, public domain.

Die deutschen Soldaten gehen zu tausenden in Gefangenschaft und kehren dem Krieg den Rücken zu.

Abbildung 90: Mehrere tausend "Prisoners of war" auf dem Marsch ins Gefangenenlager auf der Autobahn München-Salzburg. Standbild aus US-National Archives (NARA), Film ID: 111-adc-4792, public domain.

9. Kriegswinter

Das Wetter im Mai 1945 war ungewöhnlich kalt, 20 Zentimeter Neuschnee in diesen Tagen sind im langjährigen Vergleich eine große Ausnahme. Noch kälter wurde es im darauffolgenden Winter 1945/46 der als „Hungerwinter" in die Geschichte einging und allein in Deutschland mehrere hunderttausend Todesopfer forderte.[71]

Einen möglichen Erklärungsansatz bietet die aktuelle Forschung zum Klimawandel. Schon länger ist bekannt, dass bestimmte Gase in der Stratosphäre (10 bis 40 km über der Erdoberfläche) jahrelang verbleiben und das Klima beeinflussen können. Dabei wirken insbesondere Gase mit Schwefelverbindungen abkühlend.

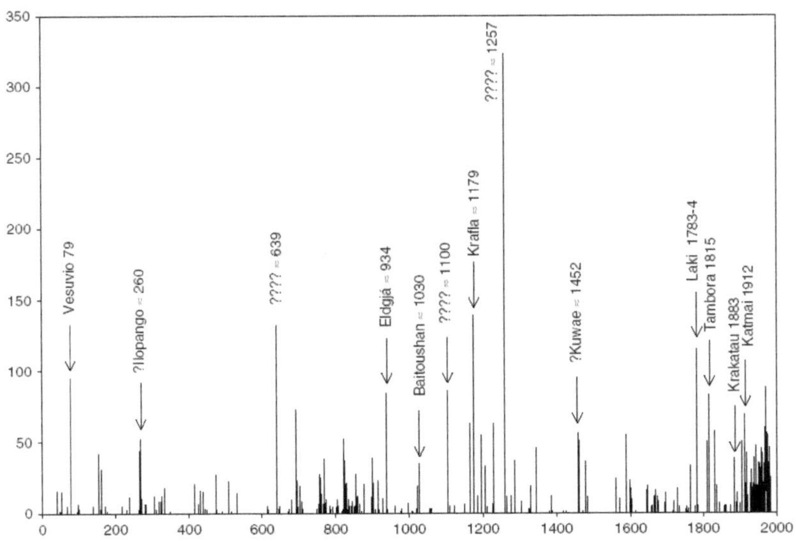

Abbildung 91: In einem grönländischen Eisbohrkern gemessene Konzentration an Schwefelverbindungen aus Niederschlägen (ppb parts per billion); auffällige Konzentration in den Jahren 1939/45. Quelle: siehe Fußnote 72

---

[71] vgl. dazu: https://de.wikipedia.org/wiki/Hungerwinter_1946/47
(aufgerufen am 15.04.2020)

Beobachten kann man das bei bestimmten Vulkanausbrücken. Indirekt dokumentiert ist das in Bohrkernen aus Grönland, sie enthalten Sulfite, die in Niederschlägen enthalten sind.[72]
Wie erklärt sich das zu beobachtende höhere Niveau an klimawirksamen Schwefelgasen während des gesamten 2. Weltkrieges (und in den ersten Jahren danach)? Eine Hypothese dazu:

Beim Einsatz der mehreren zehntausend Bombenflugzeuge über Deutschland sind durch stark schwefelhaltiges Flugbenzin (Kerosin) in Höhen von 5000 bis 9000 Meter zahlreiche „Kondensstreifen" entstanden. In Verbindung mit den Explosionen der über fünf Millionen abgefeuerten Schuss der Flugabwehrkanonen sind Aerosole bis in den Grenzbereich der Stratosphäre gelangt. Es dauerte ein, zwei Jahre bis diese wetterbeeinflussende Wirkung des „Höhensmogs" abgeklungen ist:

Abbildung 92: B 17 Bomber über Deutschland 1945. Foto: USAAF, CC-BY-SA 2.0

---

[72] siehe dazu: (Rammacher, 2015) (aufgerufen am 15.04.2020)
http://www.winterplanet.de/Sommer1816/Jos-Teil5.html

10. Erbeutete Waffentechnik

Wie eingangs erwähnt, war die deutsche Waffentechnik der amerikanischen damals in vielen Bereichen überlegen. Das führte dazu, dass vielerorts erbeutete Waffensysteme sofort zur Auswertung in die USA verfrachtet wurden. Im Isarwinkel waren da zuerst die modernen Hubschrauber des genialen Konstrukteurs Anton Flettner aufgefallen. Der Ingenieur hatte sein Büro in einem Gebäudeflügel der Moralt-Werke in Bad Tölz.[73] Zwei seiner Prototypen waren bei Wackersberg versteckt. Diese Hubschrauber konnten 150 km/h schnell fliegen und hatten fast 200 km Reichweite.

Abbildung 93: Einer der beiden in Wackersberg erbeuteten Flettner-Hubschrauber Fl 282 (mit weißem Stern als US-Hoheitsabzeichen) bei Flugversuchen in den USA 1945. Foto: USAF, public domain.

---

[73] vgl. dazu: https://www.flugrevue.de/klassiker/einsatzreifer-mehrzweckhubschrauber-flettner-fl-282/ (aufgerufen am 15.04.2020)

Die US-Army hatte das vom Hersteller Sikorsky in kleinen Stückzahlen ausgelieferte Modell Sikorsky R-4 zur Verfügung. Nur gut 100 km/h schnell und mit 150 km Reichweite, damit dem Flettner-Modell deutlich unterlegen.

Abbildung 94: US-Hubschrauber Typ Sikorsky R 4, 1944. Foto: US-Coast Guard 232-8, public domain.

Schon am 01. Mai 45 erhielten die US-Soldaten laut Kriegstagebuch erste Hinweise, dass in der SS-Junker-Schule Bad Tölz Radium versteckt sein könnte. Die Divisionsführung konnte mit dieser Information nicht viel anfangen und leitete sie an das Oberkommando weiter. Erst viele Tage später erkannte die US-Militärführung, dass hier wohl eine besonders wertvolle Hinterlassenschaft der Nationalsozialisten versteckt wurde: Die „Reichsreserve" an radioaktivem Radium, verwendet zur Forschung der SS an der deutschen Atombombe. Radium ist so kostbar, weil es über nicht zu ersetzende Eigenschaften für radioaktive Messungen verfügt und zum Anfahren von Atomreaktoren erforderlich ist.

Die ursprünglich in Berlin gelagerten Reserven wurden nach langer Irrfahrt vom Leiter der SS-Atomforschung, Dr. Karl Diebner, vom letzten Lagerort Bad Ronneburg nach Bad Tölz in Richtung der „Alpenfestung" geschickt. Diebner selbst blieb auf dem Weg dahin wegen einer Autopanne zurück und wurde in Schöngeising bei Fürstenfeldbruck von amerikanischen Soldaten gefangen genommen. Sein Stellvertreter, Dr. Carl Friedrich

ALL REICH'S RADIUM IN AMERICANS' HANDS

BAD TOLZ, Germany, June 26 (AP)—A party of American and German scientists went to the Bavarian mountains on a treasure hunt today and found what they were looking for—Germany's entire radium supply.

The buried treasure totaled 21.8 grams of radium valued at $2,000,-000 by Dr. Karl Fredrick Weiss, who said that it was all the radium that the Germans possessed. Dr. Weiss, the chief of the German Government's radio-active laboratory in Berlin, led the Americans to the hiding place on the thickly-wooded slope overlooking the Isar River nine miles south of here. He said that he had planted it there April 22.

For his reward, he asked only that he be premitted to see a showing of Charlie Chaplin's "The Great Dictator."

After the Seventy-sixth Infantry Division had moved into Ronneburg, counter-intelligence agents learned from Dr. Weiss about the radium.

Abbildung 95: Zeitungsartikel in der New York Times vom 27.06.1945, S. 8.: Die von „Dr. Karl Fredrick" (Carl Friedrich) Weiss im Isarwinkel vergrabene Kiste mit der Reichs-Radium-Reserve wurde aufgefunden; der Wert auf 2 Mill. US-Dollar geschätzt.

Weiss, erhielt den Auftrag, das kostbare Radium zu verstecken. Das tat dieser auch, mit hoher Wahrscheinlichkeit hat er im Gemeindegebiet von Gaißach oder wenige Kilometer isaraufwärts davon das radioaktive Material in einer Kiste vergraben. Die Amerikaner nahmen ihn jedoch zwei Wochen später fest. Im Verhör gab er das Versteck preis und führte am 26. Juni 1945 amerikanische Spezialisten zum Versteck. Das Radium hatte damals einen Wert von 2 Millionen US-Dollar (!). Vermutlich auch deshalb erschien dazu sogar ein Artikel in der New York Times. Der SS standen darüber hinaus auch erhebliche Mengen an radioaktivem Uran zur Verfügung. Ob diese Vorräte ebenfalls in Richtung „Alpenfestung" verschoben wurden, ist auch Gegenstand der laufenden Forschung des Verfassers. Amerikanische Quellen dazu sind immer noch „streng geheim" eingestuft.

Abbildung 96: Reichsamt für Luftaufnahme, Reproduktion Brigham Young University, eigene Bearbeitung. Eingekreist die beiden geheimen Standorte der "Wasserbauversuchsanstalt" bei KOCHEL.

124

Am wertvollsten erwiesen sich aber die für etwa 50 Millionen Reichsmark errichteten Anlagen der streng geheimen „Wasserbauversuchsanstalt" (so der Tarnname) in Kochel. Das Wissen und die Konstruktionsunterlagen der über einhundert dort arbeitenden Ingenieure waren ein großer Gewinn für die USA. Der hochmoderne Windkanal zur Erforschung der Aerodynamik von Raketen und Flugkörpern galt als einzigartig. Ziel war es, die V2-Rakete entscheidend weiter zu entwickeln um schließlich doch noch Amerika zu erreichen – am besten mit einem von Dr. Diebner fertig gestellten Atomsprengkopf.

Vorsichtig geschätzt sparten die Amerikaner mit diesem Beutegut im Kalten Krieg ab 1950 mindestens fünf Entwicklungsjahre für jede Art von Raketen ein.

Dr. Eckart schreibt dazu in einem Dossier zum Deutschen Luft- und Raumfahrtkongress 2014 in Augsburg:[74]

„Anfang Mai 1945 besetzten amerikanische Truppen den Ort Kochel und in Folge veranlassten Wissenschaftler der 'von Kármán - Mission' eine Verlagerung vorhandener Maschinen und Planunterlagen in die USA. Dort wurde dieser 'Tunnel A' am AEDC Arnold Engineering Development Center, Tullahoma TN 1957 in Betrieb genommen, und wird seither für aerodynamische Modelltests, etwa des Mach 7 Experimentalflugzeugs X-15, für die Entwicklung des Space Shuttle und noch weitgehend geheime Untersuchungen an Hyperschall-Flugkörpern genutzt."

---

[74] siehe: https://www.dglr.de/publikationen/2015/340001.pdf (aufgerufen am 15.04.2020)

11. Fazit

Am Ende des Kriegstagebuches befindet sich eine bewertende Zusammenfassung des amerikanischen Kommandeurs. Er bemerkt darin bescheiden, dass seine militärische Vorgehensweise nicht geeignet ist, bis dahin bestehende Systeme taktischer Lehrmeinungen in Frage zu stellen oder zu bestätigen.
Allerdings führt er seine raschen Erfolge auf das Zusammenwirken von Infanterie, Panzern und Artillerie zurück – eben das heute noch gültige System der „verbundenen Waffen". Lediglich das Fehlen von geeignetem schwerem Gerät zum Räumen von Sperren und zur Reparatur von Brücken wird bemängelt. Er hätte gerne Planierraupen zur Verfügung gehabt.

Nur mit der eigenen Aufklärung war er sehr unzufrieden. Die beste Ausrüstung der Aufklärer wäre weniger wichtig, als die Ausbildung der dort eingesetzten Soldaten. Hätten die wertvollen Informationen der ortskundigen Zivilbevölkerung und einzelner Kriegsgefangener nicht zur Verfügung gestanden, der Blutzoll wäre um ein Vielfaches höher gewesen, schreibt er.

Bemerkenswert ist die Zurückhaltung der angreifenden Amerikaner und die damit verbundene Schonung der Zivilbevölkerung. Es wäre beispielsweise ein Leichtes gewesen, den Angriff bei Puchen mit einem einstündigen Dauerfeuer der Artillerie auf die SS-Stellungen einzuleiten. Mit Sicherheit stünde dann kein Stein mehr auf dem anderen. 155-mm-Geschützsalven schaffen eine Trümmerwüste. Stattdessen setzten sie mit fast chirurgischer Präzision einzelne Artillerie „rounds" ein und schalteten die SS-Soldaten mit einem panzergestützten Infanterieangriff aus.

Hier sind aber auch die amerikanischen Soldaten zu erwähnen, die viele tausend KZ-Insassen befreien und keine Mühe scheuen, ihnen zu helfen. Dabei könnten sie jederzeit in einen Hinterhalt der SS geraten. Es gelingt ihnen sogar, die zum Schluss über 10.000 deutschen Kriegsgefangenen menschlich zu behandeln.

Ein amerikanischer Offizier fasst das so zusammen: „Wir kämpften gegen die SS, nicht gegen die Deutschen!"

General Patton, der für die Kriegführung im Isarwinkel verantwortliche Armee-Kommandeur, antwortete auf die Frage, weshalb die Amerikaner den Krieg gewonnen haben: „I do not have to tell you who won the war. You know. The artillery did." (Frei übersetzt: Ich muss Ihnen nicht sagen, wer den Krieg gewonnen hat. Sie wissen es schon, die Artillerie war es!). Dazu muss man wissen, dass hier der technische Fortschritt ausnahmsweise bei den amerikanischen Waffensystemen lag. Zu Beginn der Operation „Overlord", der Landung in der Normandie, am 06.06.1944 verfügten die US-Soldaten kaum über moderne Geschütze, diese wurden erst im letzten Kriegsjahr zur Serienreife entwickelt. In Verbindung mit der damals hochmodernen Funkverbindung zu den vorgeschobenen Beobachtern sowie der reichlich vorhandenen Munition war die US-Artillerie der deutschen weit überlegen.
General Patton wurde bei Kriegsende für kurze Zeit sogar Militärgouverneur für ganz Bayern. Er bezog eine Nazi-Villa in Gmund, sein Hauptquartier kam in die 900 Räume der SS-Junkerschule nach Bad Tölz. Er kam bei einem tragischen Autounfall in Heidelberg im Dezember 1945 ums Leben.[75]

---

[75] siehe: https://www.wort.lu/de/lokales/heute-vor-70-jahren-der-verhaengnisvolle-autounfall-von-general-patton-5666eecb0da165c55dc4f3c1 (aufgerufen am 15.04.2020)

Zudem gibt es in diesen Tagen stille, bisher unbekannte Helden. Da sind zum Beispiel die tapferen Bürger von Weilheim, die unter Lebensgefahr dafür sorgen, dass der Ort friedlich besetzt wird. Oder auch die immer noch Unbekannten, die in Bad Tölz erfolgreich die Isarbrückensprengung sabotieren. Dazu zählen ebenso die mutigen Dorfbewohner(innen) in Gaißach, die sich nicht von der SS einschüchtern lassen und den Amerikanern den Weg zeigen. In diese Reihe gehört auch der Polizeikommandant von Lenggries, welcher durch gezielte Informationen über die SS-Stellungen das Gefecht entscheidend verkürzt und dadurch mit Sicherheit Leben rettet.

Schließlich soll die Dankbarkeit der Tölzer Bevölkerung Erwähnung finden. Der bei der Fertigstellung der lange geplanten Stahlbeton-Isarbrücke im Jahr 1935 aufgestellte „Reichsadler" aus Bronze mit Hakenkreuz, im Volksmund „Pleitegeier" (Abb. 97), wird eingeschmolzen und in eine Marienstatue (Abb. 98) verwandelt:

Abbildung 97: Die Isarbrücke in Bad Tölz. Foto Lepscher, Nr. 1211-8, © Stadtarchiv Bad Tölz, Adler vom Verfasser eingekreist.

Abbildung 98: Die Mariensäule in der Marktstraße von Bad Tölz, links unten die Isarbrücke. Foto: Lepscher, Nr. 1111-152, ca. 1948, © Stadtarchiv Bad Tölz.

Der Hinweis auf den Himmlischen Beistand ist nicht unberechtigt, wenn man bedenkt, für wen die amerikanische Atombombe zuerst geplant war, für Süddeutschland. Roosevelts Nachfolger im Amt des amerikanischen Präsidenten, Harry S. Truman, hatte keine Skrupel sie einzusetzen. Hiroshima und Nagasaki liefern den Beweis. Nur ein rasches Kriegsende auf deutschem Boden konnte das verhindern. Mit jeder Verzögerung der US-Truppen durch eine funktionierende Verteidigung der „Alpenfestung" wäre man dem Abwurf nähergekommen. Nicht von den vermeintlichen 60 Bombern ging die tatsächliche Gefahr aus.

Abbildung 99: Eine Atomexplosion fand in den Alpen glücklicherweise nicht statt. Eigene Fotomontage.

LITERATURVERZEICHNIS

Bruppbacher, P. (2018). *Adolf Hitler und die Geschichte der NSDAP (Band 2).* Norderstedt: BoD Books on Demand.

Die Rheinpfalz. (5. August 2015). Abgerufen am 20. November 2019 von https://www.rheinpfalz.de/lokal/ludwigshafen/artikel/ludwigshafen-drohte-die-atombombe/

Diestel, B., & Benz, W. (1994). *Das Konzentrationslager Dachau 1933-1945, Geschichte und Bedeutung.* München: Bayerische Landeszentrale für politische Bildungsarbeit.

Frieser, K.-H. (2007). *Das Deutsche Reich und der zweite Weltkrieg.* München.

Greiner, H. u. (1961). *Kriegstagebuch des Oberkommandos der Wehrmacht.* Frankfurt a. M.: Bernard & Graefe Verlag für Wehrwesen.

Guisan, H. (10. Juli 2018). *Schweizer Rundfunk.* Abgerufen am 20. November 2019 von https://www.srf.ch/kultur/gesellschaft-religion/grosse-reden-koennten-wir-widerstand-leisten-guisans-mutrede-an-die-schweiz

Kliebenschedel, T. (2010). *V 2 Werk Oberraderbach.* Abgerufen am 12. November 2019 von http://www.v2werk-oberraderach.de/Irrtuemer/5-I.htm

Lohmann, M. (2017). *Alpenblick hinter Stacheldraht.* (H. V. Staffelsee, Hrsg.) München: Allitera.

N., N. (5. August 1964). *Der Spiegel.* Von https://magazin.spiegel.de/EpubDelivery/spiegel/pdf/46174847 abgerufen

Rammacher, D. F. (2015). *www.winterplanet.de*. Abgerufen am 15. April 2020 von http://www.winterplanet.de/Sommer1816/Jos-Teil5.html

Schnitzer, C. (2001). *Die NS-Zeit im Altlandkreis Bad Tölz und ihre Folgen.* Bad Tölz: Verlag Tölzer Kurier.

Stinglwanger, G. K. (1991). *Von Mönchen, Prinzen und Ministern.* München: Bayerisches Staatsministerium für Ernährung, Landwirtschaft und Forsten.

Wegner, B. (1982). *Hitlers politische Soldaten.* Paderborn: Schöningh Verlag.

Welt der Wunder. (06. August 2019). Abgerufen am 21. November 2019 von https://www.weltderwunder.de/artikel/projekt-manhattan-wie-knapp-entging-deutschland-einem-atombombenabwurf

Wiedemann, A. (1955). *Bewegte Jahre 1933-1946 im Landkreis Tölz.* Bad Tölz.

Wikipedia. (2019). Abgerufen am 30. Oktober 2019 von https://de.wikipedia.org/wiki/Plattenseeoffensive

Wikipedia. (2019). Abgerufen am 21. November 2019 von https://de.wikipedia.org/wiki/Manhattan-Projekt

QR-Verzeichnis

Buch Seite	Link	QR
10	https://magazin.spiegel.de/Epub Delivery/spiegel/pdf/46174847	
	Link	**QR**
10	https://www.kriegserfahrungen. be/geschichte/zweiter-weltkrieg/hintergrund-ardennenoffensive/	
	Link	**QR**
12	https://de.wikipedia.org/wiki/Pla ttenseeoffensive	
	Link	**QR**
12	http://www.lexikon-der-wehrmacht.de/Waffen/panzer6. htm	
	Link	**QR**
12	https://www.deutsches-museum.de/sammlungen/verke hr/luftfahrt/strahlflugzeuge/mes serschmitt-me-262/	

Buch Seite	Link	QR
12	https://de.wikipedia.org/wiki/Adolf_Galland	
	Link	**QR**
13	https://de.wikipedia.org/wiki/Jagdverband_44	
	Link	**QR**
14	http://www.v2werk-oberraderach.de/Irrtuemer/5-I.htm (Kliebenschedel, 2010)	
	Link	**QR**
15	https://www.srf.ch/kultur/gesellschaft-religion/grosse-reden-koennten-wir-widerstand-leisten-guisans-mutrede-an-die-schweiz (Guisan, 2018)	
	Link	**QR**
18	https://de.wikipedia.org/wiki/Mefo-Wechsel	

Buch Seite	Link	QR
18	https://de.wikipedia.org/wiki/Vierjahresplan	
	Link	**QR**
21	https://de.wikipedia.org/wiki/Jean_de_Lattre_de_Tassigny#Zweiter_Weltkrieg	
	Link	**QR**
21	https://en.wikipedia.org/wiki/Moroccan_Goumier#Morocco,_1908%E2%80%9334	
	Link	**QR**
22	https://www.menscheinstein.de/mythos/fragen/sequenz_jsp/key=2216.html	
	Link	**QR**
22	https://de.wikipedia.org/wiki/Manhattan-Projekt (Wikipedia, 2019)	

Buch Seite	Link	QR
22	https://www.rheinpfalz.de/lokal/ludwigshafen/artikel/ludwigshaf en-drohte-die-atombombe/ (Die Rheinpfalz, 2015)	
	Link	**QR**
23	https://www.weltderwunder.de/artikel/projekt-manhattan-wie-knapp-entging-deutschland-einem-atombombenabwurf (Welt der Wunder, 2019)	
	Link	**QR**
23	https://de.wikipedia.org/wiki/B8 _Bergkristall	
	Link	**QR**
24	https://ooe.orf.at/stories/30119 84/	
	Link	**QR**
24	https://www.schierling.de/htmls /infos/abisz/muna.php	

Buch Seite	Link	QR
25	http://www.znaci.net/zb/7_4_2.pdf	
	Link	**QR**
27	http://www.freundeskreis-luftwaffe.de/index.php/nachrichten/100-besichtigung-weingut	
	Link	**QR**
27	https://de.wikipedia.org/wiki/KZ_Ebensee	
	Link	**QR**
27	http://www.geheimprojekte.at/deckname_dachs_II_ebensee.html	
	Link	**QR**
27	https://de.wikipedia.org/wiki/Aggregat_9	

Buch Seite	Link	QR
29	https://web.archive.org/web/20070311021032/http:/www.km.bayern.de/blz/web/300017/chronik.asp	
	Link	**QR**
29	http://www.kz-gedenkstaette-dachau.de/Berichte_Todesm%C3%A4rsche.html	
	Link	**QR**
30	https://books.google.de/books?id=cHrcjFaS4PwC&pg=PA656&lpg=PA656&dq=Giesler+gauleiter+innenminister&source=bl&ots=BBPl8eEO_6&sig=ACfU3U1VPuuXSOuZw6mon6QjDjEfc_gOjg&hl=de&sa=X&ved=2ahUKEwj4n6aMnujnAhUSUBUIHeouBboQ6AEwB3oECAgQAQ#v=onepage&q=Giesler%20gauleiter%20innenminister&f=false	
	Link	**QR**
31/32	https://www.ku.de/forschungseinr/zimos/publikationen/forum/dokumente/die-letzten-tage-von-heinrich-himmler/	

Buch Seite	Link	QR
33	https://de.wikipedia.org/wiki/Reinhard_Heydrich	
	Link	**QR**
33	https://de.wikipedia.org/wiki/Hans_Kammler	
	Link	**QR**
35	https://www.augsburger-allgemeine.de/landsberg/Sie-wueteten-wenige-Tage-lang-id33991777.html	
	Link	**QR**
37	https://de.statista.com/statistik/daten/studie/252291/umfrage/produzierte-panzer-und-selbstfahrlafetten-im-zweiten-weltkrieg-nach-laendern/	
	Link	**QR**
38	https://www.welt.de/geschichte/zweiter-weltkrieg/article159718383/Sie-waren-die-wichtigsten-Helfer-der-Wehrmacht.html	

Buch Seite	Link	QR
42	https://de.wikipedia.org/wiki/Nebelwerfer	
	Link	**QR**
43	https://de.wikipedia.org/wiki/Volkssturm	
	Link	**QR**
51	https://de.wikipedia.org/wiki/Volkssturm	
	Link	**QR**
53	https://de.wikipedia.org/wiki/8,8-cm-FlaK_41	
	Link	**QR**
53	https://de.wikipedia.org/wiki/2-cm-Flak_38	

Buch Seite	Link	QR
56	https://de.wikipedia.org/wiki/Hochlandlager	
	Link	**QR**
58	https://de.wikipedia.org/wiki/Hugo_Gutmann	
	Link	**QR**
54	http://www.mordnacht.de/28april.shtml	
	Link	**QR**
62	https://www.sueddeutsche.de/muenchen/wolfratshausen/erinnerung-an-den-todeszug-das-hat-mir-keine-ruhe-gelassen-1.2458369	
	Link	**QR**
64	https://tegernseerstimme.de/todesangst-und-hungersnot/	

Buch Seite	Link	QR
64	https://www.gedenken-im-wuermtal.de/files/wtn/partner/gedenken-im-wuermtal/archiv/6.2.5.html	
	Link	**QR**
69	https://de.wikipedia.org/wiki/Werwolf_(NS-Organisation)	
	Link	**QR**
72	https://catalog.archives.gov/id/114286881	
	Link	**QR**
75	https://www.bavariathek.bayern/wiederaufbau/orte/detail/bad-toelz/93	

Buch Seite	Link	QR
77	https://de.wikipedia.org/wiki/Die_Br%C3%BCcke_(1959)	
	Link	**QR**
88	https://mediatum.ub.tum.de/1101803	
	Link	**QR**
92	https://media.defense.gov/2010/May/25/2001330283/-1/-1/0/AFD-100525-035.pdf	
	Link	**QR**
104	https://www.merkur.de/lokales/bad-toelz/gaissach-ort28705/letzten-kriegstage-in-gaissach-200-interessierte-bei-vortrag-12238425.html	

Buch Seite	Link	QR
110	https://www.kreisbote.de/lokales/fuerstenfeldbruck/polizei-nationalsozialismus-studienarbeit-fachbereichs-polizei-fachhochschule-2571750.html	
	Link	**QR**
112	https://www.tirol.gv.at/fileadmin/themen/kunst-kultur/landesarchiv/downloads/kriegsende1945.PDF	
	Link	**QR**
119	https://de.wikipedia.org/wiki/Hungerwinter_1946/47	
	Link	**QR**
120	http://www.winterplanet.de/Sommer1816/Jos-Teil5.html	
	Link	**QR**
121	https://www.flugrevue.de/klassiker/einsatzreifer-mehrzweckhubschrauber-flettner-fl-282/	

Buch Seite	Link	QR
127	https://www.wort.lu/de/lokales/heute-vor-70-jahren-der-verhaengnisvolle-autounfall-von-general-patton-5666eecb0da165c55dc4f3c1	